Lösungen

Seite 4

2 a Ein bedingungsloses Grundeinkommen für alle Bürger

Pro-Argumente	Kontra-Argumente
Argument 1 Begründung: Das BGE gibt jedem die Sicherheit, dass Geld für notwendige Anschaffungen und die Miete vorhanden ist. Beispiel: Arme Menschen müssen nicht zum Amt, um Sozialleistungen zu beantragen (oft mit Scham verbunden).	Argument 1 Begründung: Es ist ungerecht, wenn auch die Personen ein Grundeinkommen bekommen, die genug Geld haben. Beispiel: Wenn jemand gut verdient oder geerbt hat, dann braucht die Person das Grundeinkommen nicht.
Argument 2 Begründung: Es bleibt Zeit für die Erziehung der Kinder und die Pflege von kranken Angehörigen. Beispiel: Alleinerziehende können sich zu wenig um ihre Familien kümmern, wenn sie gezwungen sind, Geld zu verdienen.	Argument 2 Begründung: Wer keine Familie und kaum soziale Kontakte hat, kann ohne Arbeit vereinsamen. Beispiel: Alleinstehende brauchen oft die Halt gebende Struktur eines Arbeitsalltags und die Gespräche mit Kolleginnen/Kollegen.
Argument 3 Begründung: Wer nicht dem Druck des Berufsalltages ausgesetzt ist, kann kreative Ideen entwickeln. Beispiel: So könnte ein zukunftsweisendes Modell entstehen, bei dem viele Menschen durch Vernetzung an Lebensqualität gewinnen.	Argument 3 Begründung: Mancher wird die geschenkte Zeit vergeuden und sich keine Zukunftsgedanken machen. Beispiel: Die vielen Angebote an Glücksspielen können Menschen dazu verleiten, ihr Geld leichtsinnig auszugeben und am Ende alles zu verlieren.

Seite 5

3 a Einleitung: In den Medien wird diskutiert, ob alle Bürgerinnen und Bürger in Deutschland ein bedingungsloses Grundeinkommen (BGE) vom Staat erhalten sollen. Könnte dies zu einer Verbesserung des gesellschaftlichen Miteinanders führen und unser Land vielleicht sogar in eine zukunftsorientierte Richtung lenken?

3 b Hauptteil: Zur diskutierten Frage gibt es unterschiedliche Standpunkte. Es könnte eine große Erleichterung für Kranke oder Arbeitslose sein, wenn sie nicht mehr mit Anträgen und Nachweisen zum Arbeitsamt gehen müssten, um die notwendige finanzielle Unterstützung zu bekommen. Andererseits wäre es nicht gerecht, wenn alle, auch die Wohlhabenden, das Anrecht auf ein Grundeinkommen hätten. – Nicht arbeiten zu gehen, das mag für die einen verlockend sein, für andere, die gerne arbeiten, natürlich nicht. Allerdings wird niemandem, der arbeiten möchte, untersagt dies zu tun. Mancher wird in einer beruflichen Auszeit auf Ideen kommen, die für die ganze Gesellschaft von Nutzen sein können. Andere geraten in Gefahr, ihre Lebenszeit sinnlos zu vergeuden und vielleicht sogar vor Ablauf des Monats ohne Geld dazustehen. – Ein wichtiges Argument für das BGE ist, dass Eltern mehr Zeit für ihre Kinder hätten. Auch das Betreuungssystem von Pflegebedürftigen würde entlastet, wenn Angehörige diese Aufgabe übernehmen könnten. Wer keine Zeit in Familie investieren kann oder möchte und wer nichts beitragen kann zu einer Verbesserung unserer Gesellschaft, der sollte besser arbeiten gehen müssen, damit sein oder ihr Leben eine Struktur hat und bestenfalls zufrieden macht. (Gegenüberstellung der Argumente im Wechsel).

3 c <u>Schluss:</u> Nachdem ich das Für und Wider des BGE dargestellt habe, komme ich zu dem Schluss, dass die Gegenargumente stärker sind. Allerdings könnte ich mir vorstellen, dass Eltern und pflegende Angehörige ihre Arbeitszeit ohne Lohnabzug verkürzen dürfen. Dies könnte in geringerem Umfang auch für Ehrenamtliche gelten. In einer sich wandelnden Arbeitswelt müssen die Arbeitsbedingungen überdacht werden. In vielen Firmen, in denen kreativ gearbeitet wird, hat man bereits Entspannungsangebote und Kommunikationsräume geschaffen. Vielleicht könnten auch produzierende Betriebe versuchen, das Arbeitsklima zu verbessern. Arbeit ist ein wichtiger Bestandteil unseres Lebens. Jeder sollte so viel verdienen, dass sie oder er keine finanziellen Probleme hat und genug Freizeit bleibt, um sich zu kümmern oder kreativ zu sein. Und die, die nicht arbeiten können, sollen Sozialleistungen erhalten, ohne sich schämen zu müssen.

Seite 7

5 b
Clara Ott meint: Ein öffentliches Feuerwerk, das von Profis geplant und durchgeführt wird, ist nicht nur schöner, sondern auch ungefährlicher als private Feuerwerke.

Nando Sommerfeldt meint: Ein privates Feuerwerk macht Spaß und gehört zu einem gelungenen Jahreswechsel dazu.

5 c
Argumente von Clara Ott:
1. Man kann sich an einem öffentlichen Feuerwerk „erfreuen"
Beispiel: zwanzigminütiges „perfekt orchestriertes Feuerwerk" in San Francisco (Z. 6)
Deine Bewertung: Das sehe ich auch / nicht so, weil …
2. Man muss keine Angst haben, von Böllern verletzt zu werden.
Beispiel: Keine Raketen fliegen von hinten in die Jacke, niemand wirft absichtlich Böller (Z. 10–12).
3. Auf den Straßen bleibt sehr viel Abfall zurück.
Beispiel: Matsch aus rosa-brauner Raketenpappe (Z. 22–25)

Argumente von Nando Sommerfeldt:
1. Private Böllerei macht Spaß.
Beispiel: Feuer und Krach zu produzieren und nicht aufräumen zu müssen, ist nur an Silvester möglich (Z. 28–30).
Deine Bewertung: …
2. Das private Feuerwerk gehört traditionell zum Jahreswechsel.
Beispiel: Mein privates Feuerwerk gehört für mich einfach dazu (Z. 27–28).
3. Die Freude der Kinder ist an Silvester wichtiger als der Zustand der Welt.
Beispiel: das Strahlen in den Augen meiner Kinder (Z. 38–40)

Seite 8

5 **d** Weitere Argumente für und gegen privates Silvesterböllern:

Pro:	Kontra:
Der Verkauf von Feuerwerkskörpern bringt Herstellern und Verkäufern gute Umsätze.	Die Böllerei führt zu einer erhöhten Luftverschmutzung.
Kinder und Jugendliche lernen den verantwortungsvollen Umgang mit Feuer und Raketen.	Kleine Kinder, Kranke und Tiere werden durch die Knallerei beunruhigt.

Seite 9

6 **a** Böllern an Silvester – Männer-Idiotie oder wichtige Tradition?
Einleitung: Der Online-Artikel mit diesem Titel erschien im Dezember 2019 bei welt.de.
Die kontroversen Meinungen der Autoren Clara Ott und Nando Sommerfeldt zum Thema
Silvesterböllerei werden auszugsweise wiedergegeben. Während Clara Ott sich für ein
öffentliches Feuerwerk und gegen die private Böllerei ausspricht, setzt sich Nando Sommerfeldt
für das Recht ein, an Silvester Feuer und Krach produzieren zu dürfen. Für beide Standpunkte
lassen sich Argumente finden.

Seite 10

8 **b** Prozess um TikTok-Verbot in den USA eröffnet

US-Justizministerium	Chinesischer Konzern
Standpunkt: Die App stellt eine Sicherheitsbedrohung für die USA dar.	Standpunkt: Ein Verbot ist ein Angriff auf die Meinungsfreiheit.
Argument	**Argument**
Begründung: Der Mutterkonzern Byte Dance steht der chinesischen Regierung nahe.	Begründung: Das geplante Gesetz bedeutet eine Verletzung des Rechts auf freie Meinungsäußerung der 170 Millionen Nutzer/-innen in den USA.
Beispiel: Das US-Justizministerium befürchtet Datenspionage und eine Manipulation der öffentlichen Meinung.	Beispiel: Abkehr von der US-Tradition, ein offenes Internet zu fördern.

8 **c** Eigene Argumente könnten sein:
Mangelnder Jugendschutz / Datenmissbrauch / Cybermobbing / Diskriminierung von
Personengruppen / Suchtverhalten …

8 **d** Prozess um TikTok-Verbot in den USA eröffnet
Einleitung: TikTok ist ein Videoportal für Kurzvideos. Die App ist aber auch ein soziales
Netzwerk, das vor allem bei Jugendlichen und jungen Erwachsenen sehr beliebt ist. Es gehört zu
dem chinesischen Unternehmen Byte Dance und man wirft den Betreibern vor, dass sie dem

kommunistischen chinesischen System nahestehen. Deshalb stellt sich die US-Justiz die Frage: Gefährdet die App die nationale Sicherheit?

<u>Hauptteil:</u> Es laufen bereits mehrere Prozesse gegen die Video-Plattform. Sollte sich TikTok nicht vom chinesischen Unternehmen Byte Dance trennen, dann droht ein Verbot der App in den USA. Dagegen hat die Firma Berufung eingelegt, denn sie will den Vorwurf der Nähe zur chinesischen Regierung nicht gelten lassen. Die Betreiber der App werfen den US-Behörden einen Verstoß gegen die freie Meinungsäußerung vor. Gerade in einer Demokratie sollte ein offenes Internet gewährleistet sein. Allerdings kann Byte Dance die Vorwürfe der mangelnden Datensicherheit ihrer Nutzer/-innen nicht entkräften. Ein weiterer Aspekt ist die Suchtgefahr der Plattform. Viele Jugendliche verbringen sehr viel Zeit auf TikTok. Die Betreiber würden zu dem Vorwurf sagen, was ist schlecht daran, Videos zu schauen. Aber hier geht es um die psychische Gesundheit. Man kann den Bezug zur Realität verlieren, wenn man nur Selbstdarsteller/-innen beobachtet oder selbst Filme hochlädt, die möglicherweise von anderen schlecht bewertet werden.

<u>Schluss:</u> Die Kritik an der Video-Plattform ist vielfältig. Natürlich kann man den Nutzerinnen und Nutzern sagen, dass sie eigenverantwortlich mit der App umgehen sollen, aber haben Jugendliche schon so viel Durchblick und Willensstärke, dass sie die Datenschutzproblematik als ernste Gefahr erkennen und auch wissen, dass eine psychische Abhängigkeit entstehen kann? Ich selbst …

Seite 11

1 a

1) Sollte man jeden Hundebesitzer einen Führerschein für sein Tier machen lassen?
2) Sollten Schülerinnen und Schüler auch in den Ferien berufsorientierende Praktika absolvieren müssen?

1 b   <u>Thema 1: Hundeführerschein</u>

Pro-Argument	Kontra-Argument	
<u>Begründung 1:</u> Viele Hunde sind nicht gut erzogen und können deshalb zur Gefahr für andere Menschen werden.	<u>Begründung 1:</u> Jeder Hundebesitzer hat ein Interesse daran, sein Tier so zu halten, dass sie oder er keine Konflikte mit anderen Menschen oder Tieren bekommt.	
<u>Beispiel 1:</u> Immer wieder liest man, dass Hunde Menschen verletzen oder sogar töten.	<u>Beispiel 1:</u> Für sogenannte Kampfhunde gibt es bereits die Pflicht, eine Verhaltensprüfung zu absolvieren.	
<u>Begründung 2:</u> Jede Hunderasse hat ihre Eigenheiten, über die die Besitzer informiert sein müssen, um dem Hund gerecht zu werden.	<u>Begründung 2:</u> Wer eine bestimmte Hunderasse kauft, hat sich vorher informiert und kennt die Eigenschaften des Tieres.	
<u>Beispiel 2:</u> Wer sich zum Beispiel einen Husky kauft, der muss wissen, dass das Tier sehr viel Auslauf braucht. Bekommt der Hund wenig Bewegung, dann ist das Tierquälerei.	<u>Beispiel 2:</u> Wenn ich mir einen Dackel kaufe, dann kenne und schätze ich seinen Eigensinn, sonst hätte ich mich für eine andere Rasse entschieden.	

Thema 2: Ferienpraktika

Pro-Argument	Kontra-Argument
Begründung 1: Während der Schulzeit gibt es nicht genug Gelegenheit, Berufe kennenzulernen.	Begründung 1: Schule bedeutet Stress, ich brauche meine Ferien zur Erholung.
Beispiel 1: Die meisten Schularten bieten nur 1–2 Praktika während der Unterrichtszeit an.	Beispiel 1: Schüler/-innen haben mehr als eine 40-Stunden-Woche. Die Ferien sind notwendig, um das Gelernte zu verdauen.
Begründung 2: Je mehr Berufe ich erkunde, desto größer ist die Chance, den am besten passenden Beruf zu finden.	Begründung 2: Es gibt genug Berufsmessen und Infos und Filme im Internet; dort kann sich jede/-r informieren.
Beispiel 2: Einen Beruf wirklich kennenlernen kann ich nur in einem mehrtägigen Praktikum.	Beispiel 2: Im Unterricht gibt es weitere Informationen über Berufe.

Seite 12

 b Ein Führerschein als Voraussetzung für die Hundehaltung

Von vielen Bürgern und Sachverständigen wird schon lange gefordert, dass sich niemand einen Hund zulegen darf, der nicht zuvor einen Kurs absolviert hat, welcher mit bestandener Abschlussprüfung die Eignung des Hundehalters bescheinigt. In manchen Bundesländern ist dieser Führerschein tatsächlich schon verpflichtend. Aber muss der Besitzer eines Schoßhündchens tatsächlich seinen Hundesachverstand beweisen?

Manche Hunderassen sind pflegeleicht und man hört nie, dass sie Menschen angegriffen hätten. Man kennt den Spruch der Hundebesitzer: „Der tut nichts", und manche/-r wurde trotzdem von so einem vermeintlich friedlichen Hund in die Hand gebissen. Aber bedarf es eines Führerscheins, um solche Vorfälle zu vermeiden?

Vielleicht schon, sagen die Befürworter, denn bei einem Hundeexperten würde jede/-r erfahren, dass der bravste Hund in einer Ausnahmesituation beißen kann. Und wie ich meinen Hund artgerecht halte, dass nicht Ausnahmesituationen entstehen, lerne ich vielleicht auch in einem „Führerschein-Kurs". Vielleicht ist mein Hund eine Promenadenmischung; ein Hundetrainer kann durch Beobachtung Schlüsse über das Wesen des Hundes ziehen. Hunde müssen lernen, miteinander auszukommen. Sie könnten in einem Führerscheinkurs Sozialverhalten lernen und das Training wäre auch eine Form des besseren gegenseitigen Kennenlernens von Hund und Halter/-in. Der Führerschein zum Abschluss des Trainings könnte die Halter stolz machen.

Die Gegner eines Hundeführerscheins führen an, dass eine Verpflichtung für die Besitzer gefährlicher Rassen schon besteht und bei ungefährlichen Rassen unnötig ist. Dass ein Hund Auslauf und Beschäftigung braucht, weiß jeder. Das Angebot an Nahrungsmitteln ist groß und ich kann mich von einer Verkäuferin beraten lassen. Es genügt, wenn ich mit dem Züchter oder der Vorbesitzerin über das Tier spreche und im Fall einer Frage kann ich auch im Internet recherchieren.

Schluss: Eigene Meinung

Seite 15

1 **b** In diesem Text geht es um die Angebote privater Raumfahrtunternehmen, die zahlungskräftigen Kunden anbieten, in einer Rakete ins Weltall zu fliegen.

1 **d** Die Textbauteile sind: ein Bild der Erde aus dem Weltraum aufgenommen, eine Fußnote zur ISS, die Quellenangabe.

2 **a** Personen, die im Text vorkommen: Richard Branson (britischer Unternehmer), Jeff Bezos (US-amerikanischer Unternehmer), Elon Musk (US-amerikanischer Unternehmer) und Thomas Reiter (ehemaliger Astronaut)

Kosten der Weltraumflüge: Ein Flug mit Virgin Galactic kostet 400 000 Euro und bringt die Reisenden in 85 Kilometer Höhe. / Ein Flug mit SpaceX kostet 50 Millionen Euro und bringt die Reisenden zur 400 km entfernten Raumstation ISS, wo sie sich einige Tage aufhalten dürfen.

2 **b** Folgende Aussagen sind im Fließtext zu finden: Privatpersonen dürfen sich auf der Raumstation ISS aufhalten. / Die Investitionen in die kommerzielle Raumfahrt steigen. / Der Weltraumtourismus wird vielleicht das Umweltbewusstsein stärken.

Seite 16

2 **c** Die Grafik zeigt auf, wie viele Objekte auf verschiedenen Umlaufbahnen um die Erde kreisen. Die aufsteigende Kurve von 1957 bis 2023 macht deutlich, wie stark die Zahl der Satelliten und auch die Menge des Schrotts zugenommen haben. So sind aktuell mehr als 12 000 Satelliten unterwegs und die Zahl der herumfliegenden Trümmerteile beträgt sogar etwa 22 000.

2 **d** Der Text nimmt in den Zeilen 43 bis 49 Bezug auf diese Grafik. Alleine die Firma Virgin Galactic plant, künftig 400 Weltraumflüge pro Jahr anbieten zu wollen. Außerdem steigen die Investitionen in die kommerzielle Raumfahrt weltweit an.

2 **e** Im Text wird der ehemalige Astronaut Thomas Reiter mit der Aussage zitiert: „Unser Wunsch wäre es, dass möglichst viele Menschen eher heute als morgen die Gelegenheit bekommen, unseren schönen blauen Planeten von oben zu sehen." (Z. 51–53)

2 **f** Es handelt sich um einen vorwiegend informierenden Text. Der Autor berichtet meist sachlich. Nur in den Zeilen 37 bis 41 bezeichnet er den Weltraumtourismus als zweischneidiges Schwert in Bezug auf die Nachhaltigkeit. Hier klingt er wertend.

Seite 18

3 **b** Der Text ist wertend und appellierend. Der Autor gibt mit diesem Artikel zu bedenken, dass Superreiche nur zum Spaß für sehr viel Geld ins All fliegen, während ein Teil der Menschheit hungert, die Flüge klimaschädlich sind und kaum wissenschaftlichen Forschungsinteressen dienen.

3 **c** Markiert werden können die Zeilen 9 bis 17 und die Zeilen 45 bis 51.

3 **d** Ein Appell von David Beasley, dem Chef des Welternährungsprogramms der Vereinten Nationen, könnte so lauten: „Mr. Branson und Mr. Bezos, ich appelliere an Ihre Menschlichkeit! Weltweit sterben täglich Menschen an Hunger, Kinder können nicht einschlafen, weil sie nichts zu essen bekommen. Bedenken Sie bei Ihren Weltraummissionen, dass sie aktuell nur wenigen zugutekommen. Aber viele Menschen wären Ihnen dankbar, wenn Sie Ihr Geld für die Hunger leidenden Menschen auf der Erde einsetzten."

3 **e** Textstellen, die die Meinung des Autors indirekt zum Ausdruck bringen:
„schlagzeilenträchtiges Milliardärs-Wettrennen" (Z. 10) / „Erfüllung eigener All-Träume" (Z. 11) /
„egoistische Geldverschwendung" (Z. 14–15) / „große Sicherheitsrisiken" (Z. 39)

Auch die vom Autor ausgewählten Zitate von Robert Reich und David Beasley spiegeln seine
kritische Meinung wider.

Seite 19

1 **a** Der Text wurde nach einem Artikel von Markus Röck verfasst. Der Originaltext erschien am
2. September 2021 in der Zeitschrift „National Geographic".

1 **b** Die Bauteile des Textes sind: der Fließtext; ein Bild der Erde, dem blauen Planeten, aus dem
Weltraum aufgenommen; eine Fußnote zur ISS; die Quellenangabe. (Der Fließtext ist in drei
Abschnitte gegliedert.)

1 **c** Der Autor möchte mit seinem Text über den Weltraumtourismus nicht nur informieren,
sondern auch die möglichen Vor- und Nachteile der privaten Raumfahrt aufzeigen.

1 **d**
Abschnitt 1 (Z. 1-12): Der Traum vieler Menschen ist eine Reise ins Weltall. / Zwei private
Raumfahrtunternehmen bieten seit Juli 2021 Reisen ins All an: Virgin Galactic (Richard Branson)
und Blue Origin (Jeff Bezos). Dabei steht nicht die Forschung, sondern das Privatvergnügen im
Vordergrund. / Auch SpaceX (Elon Musk) will künftig Privatpersonen ins All fliegen.

Abschnitt 2 (Z. 13-19): Ein Flug mit Virgin Galactic kostetet 400.000 Euro und bringt die
Reisenden in 85 Kilometer Höhe. / Ein Flug mit SpaceX kostet 50 Millionen Euro und bringt die
Reisenden zur 400 km entfernten Raumstation ISS, wo sie sich einige Tage aufhalten dürfen.

Abschnitt 3 (Z. 20 bis Ende): Die private Raumfahrt könnte auch der wissenschaftlichen
Raumfahrt Vorteile bringen (neue Technologien, kostengünstiger Transport von Nutzlasten). /
Die Kehrseite ist die Frage der Nachhaltigkeit (hoher Energieverbrauch, zunehmender CO_2-
Ausstoß durch zunehmenden Weltraumtourismus). / Optimismus des ehemaligen Astronauten
Thomas Reiter (mehr Umweltbewusstsein der Weltall-Touristen)

1 **e** Hauptaussagen: Drei allgemein bekannte Unternehmer und Milliardäre investieren in den
Weltraumtourismus. Es gibt positive und negative Aspekte der privaten Raumfahrt.

1 **f** Der Titel des Textes, „Der hohe Preis des Weltraumtourismus", meint zum einen die Kosten für
die Reisenden: „Für umgerechnet etwa 50 Millionen Euro bietet SpaceX Flüge (…) an. (Z. 16)
Zum anderen sind die umweltschädlichen Auswirkungen gemeint: „Die Kehrseite der Medaille ist
die Frage der Nachhaltigkeit." (Z. 37)

1 **g** Die Sprache ist sachlich, da der Text vorwiegend informierend ist. Dennoch finden sich
Metaphern wie die Erde als „blauer Planet" (Z. 1). Der Weltraumtourismus wird als
„zweischneidiges Schwert" bezeichnet (Z. 37) und die Frage der Nachhaltigkeit als „Kehrseite der
Medaille" (Z. 38).

Der Autor verwendet zur Veranschaulichung Redewendungen wie „tief in die Tasche greifen"
(Z. 16) und „Es ist aber nicht von der Hand zu weisen" (Z. 46).

Auch etliche Fachbegriffe kommen im Text vor: „zivile Flüge" (Z. 5), „Erdorbit" (Z. 15),
„effizientere Antriebssysteme" (Z. 22).

Die Nennung von bekannten Personen und das Zitat des ehemaligen Astronauten lassen den
Text lebendiger und persönlicher erscheinen.

Der Satzbau ist am Anfang des Textes interessant: Der erste Satz beginnt mit einem Objekt und mit einer Inversion. Auch der zweite Satz und einige andere Sätze im Text entsprechen nicht dem üblichen Schema. Damit wirkt der Text „literarischer" als ein reiner Sachtext.

1 **h** Die Grafik zeigt auf, wie viele Objekte auf verschiedenen Umlaufbahnen um die Erde kreisen. Die aufsteigende Kurve von 1957 bis 2023 macht deutlich, wie stark die Zahl der Satelliten und auch die Menge des Schrotts zugenommen haben. So sind aktuell mehr als 12 000 Satelliten unterwegs und die Zahl der herumfliegenden Trümmerteile beträgt sogar etwa 22 000.

Das Foto der Erde verdeutlicht, wieso sie als blauer Planet bezeichnet wird und wie schön unser Planet vom Weltraum aus betrachtet ist (Z. 53).

1 **i** Mögliche Aussagen für den Schlussteil: Der Text ist verständlich geschrieben. Allerdings müssen einige Begriffe nachgeschlagen werden. Die Mischung aus Information und Emotion macht das Lesen interessant. Es ist hilfreich, in diesem Artikel die Vorteile und Nachteile der privaten Raumfahrt zu erfahren. Ich selbst würde …

2 Mögliche Lösung:
Der hohe Preis des Weltraumtourismus
Dieser Sachtext wurde nach einem Artikel von Markus Röck verfasst. Der Originaltext erschien am 2. September 2021 in der Zeitschrift „National Geographic".
Zusätzliche Informationen erhalten die Lesenden durch eine Erklärung in Form einer Fußnote, in der über die ISS, die Internationale Raumfahrtstation, berichtet wird. Auch ein Foto der Erde, aufgenommen im Weltall, bereichert den Text und verdeutlicht, weshalb die Erde der „blaue Planet" genannt wird. Eine Grafik gibt Auskunft über Objekte, die auf verschiedenen Umlaufbahnen die Erde umkreisen. Der Text ist in drei Abschnitte unterteilt.
Markus Röck schreibt über die privaten Raumfahrtunternehmen, die bereits Flüge ins Weltall anbieten. Diese sind Virgin Galactic, der Besitzer ist der englische Unternehmer Richard Branson, und Blue Origin, eine Unternehmung des US-Milliardärs Jeff Bezos. Auch SpaceX von Elon Musk will künftig Privatpersonen ins All fliegen. Ein Flug mit Virgin Galactic kostetet 400 000 Euro und bringt die Reisenden in 85 Kilometer Höhe. Ein Flug mit SpaceX kostet 50 Millionen Euro und bringt die Reisenden zur 400 Kilometer entfernten Raumstation ISS, wo sie sich einige Tage aufhalten dürfen.
Diese Flüge dienen eher dem Privatvergnügen als der Wissenschaft und Forschung. Der Autor führt aber auch Argumente an, die für die private Raumfahrt sprechen. So könnten neue Technologien für die Erforschung des Weltalls genutzt werden und die privaten Raketen könnten kostengünstig Material zur Raumstation transportieren. Der ehemalige Astronaut Thomas Reiter kann sich vorstellen, dass die Weltraum-Touristen mehr Umweltbewusstsein entwickeln werden, wenn sie erkennen, wie schön unsere Erde ist. Aber wie viele Leute werden sich diese Flüge leisten können? Auch die Frage der Nachhaltigkeit wird thematisiert. Raketen benötigen enorm viel Energie und stoßen sehr viel CO_2 aus. Die Grafik zeigt, dass bereits heute sehr viele Objekte um die Erde kreisen. Sollte die private Raumfahrt zunehmen, könnte im Erdorbit eine Müllhalde entstehen und es könnte zu Kollisionen kommen. Markus Röck möchte einerseits informieren über den Entwicklungsstand der privaten Raumfahrt, er führt aber auch auf, was gegen eine Ausweitung dieses Wirtschaftszweiges sprechen könnte. Es finden sich im Text einige Fachbegriffe wie „Erdorbit" oder „effizientere Antriebssysteme", der Autor verwendet jedoch auch Metaphern und Redewendungen, um den Text anschaulicher zu machen. Der Satzbau ist abwechslungsreich. Es ist interessant zu erfahren, welche Angebote es für reiche Privatleute gibt, die außerhalb der Erde Urlaub machen wollen oder einen besonderen Kick suchen. Die Textaussagen sind gut verständlich. Da es Argumente für und gegen die private Raumfahrt gibt, können die Lesenden selbst entscheiden, ob sie solche Flüge für egoistisch halten oder sie als Beitrag zum Fortschritt der Menschheit sehen.

Seite 20

1 **b** In diesem Text erfährt man, dass die amerikanische Raumfahrtbehörde NASA dem Unternehmer Elon Musk den Auftrag erteilt hat, die Internationale Raumstation ISS kontrolliert abstürzen zu lassen.

Seite 21

2.1 Diese Länder waren am Bau der ISS beteiligt: USA, Russland, die europäischen Länder, Japan und Kanada.

2.2 Informationen über die ISS: Sie ist etwa so groß wie ein Fußballfeld und 450 Tonnen schwer. Seit 2000 ist die ISS ständig von Menschen bewohnt. Sie umkreist in etwa 400 Kilometer Höhe die Erde. Ihre Einsatzzeit ist zu Ende.

2.3 Elon Musk erhielt von der NASA den Auftrag, die ISS kontrolliert abstürzen zu lassen. Dazu soll seine Firma SpaceX ein Absturz-Vehikel entwickeln, das die ISS 2030 aus dem Weltall holt. Das Raumschiff soll die ISS abbremsen und dann verglühen lassen. Die Trümmer sollen ins Meer fallen.

2.4 Das Risiko ist, dass die Trümmer der zerstörten Raumstation auf bewohntes Gebiet niederprasseln könnten.

2.5 Die ISS soll zerstört werden, weil ihre Einsatzzeit abgelaufen ist.
„Seit Längerem gibt es daher bei der Nasa Vorbereitungen, wie die ISS mit ihren Modulen und Komponenten aus den USA, Russland, Europa, Japan und Kanada am Ende ihrer Einsatzzeit aus dem All geholt werden kann." (Z. 18–20)

3 Der Autor möchte informieren.

Seite 26

1 **a** Anhang – Bewerbungsunterlagen – Mit freundlichen Grüßen – Anlagen: Lebenslauf, Zeugnisse, Zertifikate

1 **b**

> Sehr geehrte Frau … oder Sehr geehrter Herr …,
>
> vielen Dank für Ihre Einladung zu einem Bewerbungsgespräch.
>
> Ich freue mich sehr darauf, mich persönlich vorstellen zu dürfen, und werde am 2. Dezember um 15.00 Uhr bei Ihnen sein.
>
> Mit freundlichen Grüßen

Seite 30

2 **a** An diesen Orten spielt die Handlung:
1 Auf einem Flugplatz in Holländisch-Ostindien (Z. 1–26)
2 Im Flugzeug (Z. 27–69)
3 Auf einem unbekannten Flugplatz (Z. 70–78)

2 **b** Der Pilot, der Copilot sowie die männlichen Besatzungsmitglieder kämpfen mit Übelkeit und haben Bauchkrämpfe. Kurz entschlossen stürmt die Hauptfigur zum Pilotenstand und übernimmt das Steuer.

2 c In der Geschichte kommen vor: die Hauptfigur, ein junger Mann, ehemals Pilot eines Kriegsflugzeuges, eine Stewardess, die kranken Besatzungsmitglieder, die Passagiere.

2 d Merkmale der Hauptfigur finden sich in den Zeilen 3–4 (er hatte Heimweh), Zeilen 5–8 (schäbiger Koffer und ärmliche Kleidung), Zeilen 14–19 (schämte sich für sein Aussehen oder hatte kein Geld), Zeile 30 (er sah ausgemergelt aus), Zeile 31 (er war glücklich, in einem Flugzeug zu sitzen), Zeilen 32–33 (er war im Krieg Pilot), Zeilen 37–38 (er wurde im Krieg abgeschossen), Zeilen 48–54 (er handelte entschlossen und übernahm das Steuer), Zeilen 67–69 (die Verantwortung lastete schwer auf ihm, er fühlte sich einsam), Zeilen 75–78 (Der junge Mann sah nach der erfolgreichen Landung nicht mehr ausgemergelt aus. Er war jedoch sehr erschöpft.)

Seite 31

3 a auktoriale Erzählerin/auktorialer Erzähler

3 b Die Lesenden haben das Gefühl, mitten in der Erzählung zu sein und die Hauptfigur gut zu kennen.

4 a Rückblende: Zeilen 31–38 / Vorausschau: Zeile 75

4 b Die Leserschaft empfindet vermutlich Mitgefühl. Der junge Mann hat das Fliegen geliebt und sein Absturz im Krieg hat ihn in eine tiefe Depression gestürzt.

Seite 32

5 a Sprachliche Mittel:

Beispiele aus dem Text	sprachliches (stilistisches) Mittel
„krepieren" (Zeile 4)	drastische, emotionale Wortwahl (lautmalend)
„Unten winkten die blitzenden Schaumkämme des Ozeans (…)" (Zeile 27)	Metapher und Personifizierung
„dem Fliegen, dieser Freiheit des Herzens" (Zeile 35)	Metapher
„Das Schicksal aber hatte ihm die Flügel verbrannt (…)" (Zeile 37)	Personifizierung
„Er durchstürmte den Raum." „Die Passagiere raunten." (Zeile 49)	abwechslungsreiche Bezeichnungen
„(…) und verband Herz und Seele mit ihr." (mit der Maschine) (Zeile 56)	bildhafter Vergleich

5 b Es werden intensivere Gefühle geweckt; die Vorstellungskraft der Lesenden wird gefördert.

Seite 33

6 b Bei dem Text handelt es sich um eine Kurzgeschichte. Der Titel lautet „Der unerwünschte Passagier", geschrieben von Wolfgang Altendorf (1921-2007).
Der Text wirkt nicht modern. Die Geschichte handelt vermutlich in der Mitte des 20. Jahrhunderts. Sie ist spannend und berührt die Lesenden, die sich in die Hauptfigur einfühlen können.

6 **c**   Mögliche Lösung:

Ein junger Mann steigt in ein Flugzeug, das ihn aus Asien in die europäische Heimat zurückbringen soll. Die anderen Passagiere sind befremdet über sein ärmliches Aussehen. Unterwegs fallen die Piloten aus, weil sie an einer Lebensmittelvergiftung erkrankt sind. Der junge Mann, der im Krieg einen Bomber geflogen ist, übernimmt das Steuer. Mit großer Anstrengung gelingt es ihm, das Flugzeug auf einem ihm unbekannten Flugplatz notzulanden. Die Passagiere feiern ihn, die Flugleitung bietet ihm eine feste Beschäftigung an.

6 **d+e**   Mögliche Lösung:

Der junge Mann befindet sich offensichtlich in einer langjährigen Lebenskrise, doch durch einen unerwarteten Umstand und beherztes Handeln nimmt sein Leben eine Wendung. Dies zeigt sich z. B. in folgenden Textstellen:

„Aber der junge Mann war glücklich. Zum ersten Mal seit Jahren fühlte er sich wohl. Er fühlte sich gewissermaßen in seinem Element, hatte er doch während des letzten Krieges einen schweren Bomber geflogen. Und das war auch die Wurzel seines ganzen Elends." (Zeilen 31–34)

„Das Schicksal aber hatte ihm die Flügel verbrannt. Er war abgestürzt, haftete auf dieser erbärmlichen Erde, ohne Kraft, wieder von ihr loszukommen." (Zeilen 37–38)

„Der junge Mann drückte den Kranken vom Sitz, fasste mit beiden Händen den Knüppel und kontrollierte mit raschem Blick die Armaturen. Er fühlte beglückt, wie die schwere Maschine seinem Willen gehorchte. Er lauschte auf das Summen der Motoren, setzte sich fest in die Maschine hinein und verband Herz und Seele mit ihr." (Zeilen 52–56)

„Der junge Mann vorne am Steuer mühte sich mit der Aufgabe, diese gigantische Maschine allein und nur nach dem Gefühl zu fliegen. Er fühlte sich grenzenlos einsam, und die Verantwortung, die er übernommen hatte, lastete schwer. Dennoch gelang die Landung, etwa eine Stunde später, auf einem ihm unbekannten Flugplatz." (Zeilen 67–71)

„Der fremde junge Mann aber wurde von den Flugpassagieren dankbar gefeiert. Die Flugleitung bot ihm sofort eine feste Anstellung." (Zeilen 74–75)

„Das Gesicht des jungen Piloten sah plötzlich nicht mehr ausgemergelt und verhungert aus (...)." (Zeilen 75–76)

f   Mögliche Lösung:

Der junge Mann sieht so aus, wie er sich fühlt: ausgebrannt und am Ende seiner Kraft. Die wohlhabenden, seelisch gesunden Mitpassagiere betrachten ihn zunächst mit Ablehnung. Als er in der Notsituation das Steuer übernimmt, beginnen sie, sich für ihn zu interessieren. Als er durch sein beherztes Handeln alle gerettet hat, feiern sie ihn als ihren Helden. Nun spielt sein Aussehen keine Rolle mehr.

g   Mögliche Lösung:

Die allwissende Erzählweise lässt uns direkt am Geschehen teilhaben. Die Rückblende gibt uns Informationen zum Schicksal der Hauptfigur.

h   Mögliche Lösung:

Der Ausdruck *krepieren* für sterben in Zeile 4 verdeutlicht in welch schlechtem Zustand sich der junge Mann befindet, körperlich und seelisch.

Das *Schicksal hat ihm die Flügel verbrannt* (Zeile 37) lässt die Lesenden ahnen, dass der Hauptfigur etwas Schreckliches passiert ist, das ihn aus der Bahn geworfen hat.

Er verband Herz und Seele mit der Maschine (Zeile 56) verdeutlicht, dass seine ganze Leidenschaft der Fliegerei gehört.

Seite 34

1 **b**   Mögliche Lösung:

romantische, naturverbundene, schwärmerische, märchenhafte Grundstimmung

1 c Mögliche Lösung:

[x] Sehen   [ ] Schmecken   [ ] Riechen   [x] Hören   [ ] Tasten

[...] Allerliebst <u>schossen die goldenen Sonnenlichter durch das dichte Tannengrün</u>. Eine natürliche Treppe bildeten die Baumwurzeln. <u>Überall schwellende Moosbänke</u>; denn <u>die Steine sind fußhoch von den schönsten Moosarten</u>, wie mit hellgrünen Sammetpolstern, <u>bewachsen</u>. Liebliche Kühle und träumerisches <u>Quellengemurmel</u>. [...] Es <u>murmelt und rauscht so wunderbar</u>, <u>die Vögel singen</u> abgebrochene Sehnsuchtslaute, <u>die Bäume flüstern</u> wie mit tausend Mädchenzungen, <u>wie mit tausend Mädchenaugen schauen uns an die seltsamen Bergblumen, sie strecken nach uns aus die wundersam breiten, drollig gezackten Blätter, spielend flimmern hin und her die lustigen Sonnenstrahlen, die sinnigen Kräutlein erzählen sich grüne Märchen</u>, es ist alles wie verzaubert, es wird immer heimlicher und heimlicher, ein uralter Traum wird lebendig, <u>die Geliebte erscheint</u> – ach, dass sie so schnell wieder verschwindet!

1 d Mögliche Lösung:
die Natur ist wunderschön / zauberhaft/ geheimnisvoll /...
Wäre doch meine Geliebte / Freundin bei mir!

Seite 35

1 e Mögliche Lösungen:

sprachliche (stilistische) Mittel	Textbeispiel	Aussage / Wirkung	
Metapher	„grüne Märchen" (Z. 18), „schwellende Moosbänke" (Z. 5)	Naturmärchen Moos wird immer mehr, überwuchert Steine; erinnert an Sitzbank	
Personifikation	„die Bäume flüstern" (Z. 12–13), „schauen uns an die seltsamen Bergblumen" (Z. 15–16), „die Kräutlein erzählen" (Z. 17–18)	Natur wirkt lebendig, geheimnisvoll eins mit der Natur sein	
Vergleich	„wie mit hellgrünen Sammetpolstern" (Z. 7–8), „wie verzaubert" (Z. 18)	alles ist gut vorstellbar, bildhaft geheimnisvolle Stimmung	
Wiederholung	„heimlicher und heimlicher" (Z. 19)	Steigerung der geheimnisvollen Spannung	
Interjektion/ Ausruf	„(...) ach, dass sie so schnell wieder verschwindet!" (Z. 20)	verdeutlicht Gefühle wie Traurigkeit/ Sehnsucht	
Hyperbel (Übertreibung)	„die Bäume flüstern wie mit tausend Mädchenzungen, wie mit tausend Mädchenaugen schauen uns an die seltsamen Bergblumen" (Z. 12–16) *(Diese Beispiele könnten auch notiert werden bei: Vergleich, Wiederholung)*	anschauliche Darstellung: das Rauschen der vielen Bäume im Wald die wunderschön leuchtenden Bergblumen	

anschauliche Adjektive	„das dichte Tannengrün" (Z. 2–3), „natürliche Treppe" (Z. 3), „schwellende Moosbänke" (Z. 5), „lieblich" (Z. 8), „träumerisch" (Z. 9), „wunderbar" (Z. 11), „seltsam" (Z. 16), „wundersam breit / drollig gezackt" (Z. 16–17), „lustig" (Z. 17), „heimlich", „uralt", „lebendig" (Z. 19)	bildhafte Beschreibung der wunderschönen Natur Leser/-innen können das Erlebte gut nachempfinden

2 b Mögliche Lösungen:

<u>Bildinhalt:</u> Sternenhimmel mit Mond über einem kleinen Ort – kleine (z. T. beleuchtete) Häuser, Kirche mit hohem Turm, links vorn große Zypresse, hügelige Landschaft trennt Orts- und Himmelsdarstellung

<u>Auffälligkeiten:</u> Himmel (sehr bewegt) nimmt einen großen Teil des Bildes ein / Sterne und Mond sehr groß und hell / Wirbel aus Wind, Wolken, Sternen

<u>Farbgestaltung:</u> Blautöne dominieren im Bild im Kontrast mit hellen Sternen und Mond, Himmel leuchtet in verschiedenen Blautönen / Sterne weiß-gelb / Hügel und Stadt dunkler als der Himmel / Farbauftrag kräftig, schwungvoll

<u>Stimmung / Wirkung:</u> romantisch-märchenhaft / leidenschaftlich / erregt / kraftvoll / unnatürlich / …

<u>Eindrücke / Gedanken / Gefühle:</u> Himmelsschauspiel wirkt faszinierend, eindrucksvoll, geheimnisvoll, … vielleicht eine Augustnacht mit Sternschnuppen, südländische Landschaft (Zypresse), Mond und Sonne scheinen zu verschmelzen, Betrachter werden in das Himmelsschauspiel einbezogen

2 c Mögliche Lösungen:

(Je nachdem, welche Aufgabe du unter 2 a gewählt hast.)

<u>Naturerlebnis:</u>

– bedrückendes Gefühl (z. B. im dunklen Wald): Die Schatten schienen auf mich zuzukommen. *Die Bäume ächzten und im Unterholz vernahm ich ein ständiges Rascheln.*

– Angst (z. B. sich zu verlaufen): *Mein Herz klopfte ganz laut, denn ich schien mich im Kreis zu drehen. …*

– Geborgenheit (z. B. in stiller Nacht): *Der Mond leuchtete sanft über den Bergen und in der Hütte war es wohlig warm.*

<u>Gemälde van Gogh:</u>

– im Vordergrund ein Baum oder Busch: ähnelt einem lodernden Feuer, z. B.: *Er wirkt riesig.*

– ungewöhnliche Darstellung von Sternen: *Sternenwirbel erhellt den nachtblauen Horizont.*

<u>Mögliche weitere Ergänzungen:</u>

– *ein ungewöhnliches Naturschauspiel: Wir hielten den Atem an, als wir den gigantischen Wasserfall in all seiner märchenhaften Schönheit erlebten.*

– *mächtiger Himmel über kleinem Ort: Die kleinen Häuser scheinen sich unter dem aufgewühlten Nachthimmel zu ducken.*

Seite 36

1 b Mögliche Lösung:

Die Grundstimmung ist sehnsuchtsvoll, aber auch etwas nachdenklich. Es bleibt offen, ob die genannten Wünsche in Erfüllung gehen werden.

1 **c** Mögliche Lösung:
verträumt: die Natur genießen – ein kleines Haus am Teich / am Ufer sitzend den Geräuschen lauschen / barfuß gehen / ...
sehnsuchts- bzw. erwartungsvoll: das Zusammensein mit Kindern / Tee trinken /...
nachdenklich: werden die Wünsche in Erfüllung gehen / ...

Seite 37

1 **d** Mögliche Lösung:
Vielleicht meint der Autor die Wünsche zum Anfang eines neuen Jahres und ungewiss ist, ob sie in Erfüllung gehen. Der Autor könnte mit dem Wort „Wandlungen" z. B. persönliche oder politisch-gesellschaftliche Veränderungen im Leben meinen.

1 **e** Mögliche Lösung:
Volker Braun (geb. 1939)
DAS WÜNSCHT ICH MIR: DAS BRETTERHAUS AM TEICH
Am Ufer Schilf, Gewisper aus vier Winden.
Ein Pfad von nackten Sohlen eingemuldet.
Rollbilder an der Wand. Die alten Schriften.
Die Luft ziehnd mit den Zehen, stillesitzend
Auf meiner Matte trink ich deinen Tee
Die Kinder tuschen Zeichen in der Weltsprache.
Das Jahr der Wandlungen hat erst begonnen.

Beispiele aus dem Text	sprachliches (stilistisches) Mittel	
„Gewisper aus vier Winden" (Vers 1)	sprachliches Bild, Personifikation	
„wünscht" (Überschrift) / „eingemuldet" (Vers 2) / „ziehnd", „stillesitzend" (Vers 4) / „tuschen" (Vers 6) / ...	ausdrucksstarke Verben	
„Ein Pfad von nackten Sohlen" (Vers 2) „Die Luft ziehnd mit den Zehen" (Vers 4)	Metapher	
„eingemuldet" (Vers 2) / „ziehnd" (Vers 4)	Neologismus / Neologismen	
„... trink ich deinen Tee" (Vers 5)	direktes Ansprechen	

1 **f** Mögliche Lösung:
Volker Braun:
- geb. 1939 in Dresden
- übte verschiedene Berufe aus
- Philosophiestudium
- Dramaturg am Berliner Ensemble
- schreibt u. a. Gedichte, Erzählungen, Theatertexte
- setzt sich u. a. kritisch mit den politisch-gesellschaftlichen Ereignissen auseinander
- lebt in Berlin (nach Angaben vom Suhrkamp / Insel Verlag)

1 **g** Mögliche Lösung:
Der Autor könnte z. B. Bezug auf einen der Seen bei Berlin nehmen oder auf die Zeit nach dem Mauerfall, als sich v. a. für die ehemaligen DDR-Bürgerinnen und -Bürger vieles in ihrem Leben verändert hat, da er selbst ein ostdeutscher Schriftsteller ist. ...

Seite 38

2 **b** Mögliche Lösung:
- thematisiert werden: Umgang mit der Natur, Frieden, Verantwortung
- spürbar sind Unsicherheit / Bedenken
- Was ist die Botschaft der Autorin?

2 **c** Mögliche Lösung:
- Stimmung: nachdenklich, bedrückt, … → Absicht und Wirklichkeit stimmen nicht überein
- lyrisches Ich wendet sich an junge Leute → spricht z. B. von vererben, von anklagenden Augen

2 **d** 4 Strophen mit je 4 Versen / Kreuzreim

Seite 39

2 **e**

Strophe	sprachliche Mittel / Beispiel	Aussage / Wirkung
1	– direktes Ansprechen: „Eigentlich wollte ich dir (…)" (V. 1) – Enjambements (V. 1/2 und V. 3/4)	– direkter Bezug zur Leserin/ zum Leser – Verdeutlichung des Zusammenhangs
2	– Wiederholung (siehe 1. Strophe): „Eigentlich (…)" (V. 1) indirekter Vergleich: „Frieden sei Glück" (V. 1) sprachliches Bild: „(…) ohne den Ölzweig im Schnabel" (V. 4) – Enjambements (V. 1/2 und 3/4)	– Verstärkung der Wortbedeutung: Absicht wird nicht realisiert – ohne Frieden kein Glück – Enttäuschung wird verdeutlicht – siehe oben
3	sprachliches Bild / Metapher: „(…) Ölbaum schon umgehaun" (V. 1) Wiederholung: „Worte(n)" (V. 2,3) Personifikation /sprachliches Bild: „Auch die Brücken, […], gehn über totes Gewässer." (V. 3,4)	– wirkt bedrückt, zweifelnd – Verstärkung der Textaussage – veranschaulicht bildhaft die Textaussage
4	Personifikation: „Jetzt klagen mich deine Augen an" (V. 1) treffende Verben: „klagen (…) an" (V. 1), „vergeben" (V. 2) direktes Ansprechen: „Jetzt klagen mich deine Augen an" (V. 1) Wiederholung: „(…) nicht vergeben" (V. 2), „… hab ich doch nicht …" (V. 3) Enjambements (V. 1/2 und 3/4)	– Verstärkung des Schuldbewusstseins – anschauliche Darstellung – Verdeutlichung der Gefühle des lyrischen Ichs – Gefühl der Verzweiflung und des Schuldbewusstseins wird verdeutlicht – siehe oben

2 **f** Mögliche Lösung:
In der ersten Strophe bedauert das lyrische Ich, dass es anstelle einer gesunden Natur eine zerstörte, kaputte Umwelt weitergeben bzw. vererben kann.
Das wirkt auf mich sehr bedrückend, besonders durch die Worte „Stacheldrahtzaun" und „Fischesterben".
In der zweiten Strophe macht das lyrische Ich deutlich, dass der Wunsch nach Frieden noch immer nicht erfüllt ist. Gerade das Bild der ohne den Ölzweig zurückkehrenden Tauben stimmt mich sehr nachdenklich und sorgenvoll.
In der dritten Strophe fragt das lyrische Ich verzweifelt, ob der Ölbaum als Symbol des Friedens schon vernichtet worden ist, und ist frustriert, dass Worte darüber nichts besser machen. Auch das wirkt auf mich sehr bedrückend.
In Strophe vier verdeutlicht das lyrische Ich seine Verzweiflung über anklagende Blicke und fragt sich schuldbewusst, ob es vielleicht doch zu wenig für das Leben getan hat. Diese Frage stimmt mich nachdenklich, weil es sich hier um eine existenzielle Frage handelt.

2 **g** Mögliche Lösung:
Interpretationshypothesen:
Das Gedicht „Überlegung" thematisiert das Verhalten der Menschen gegenüber der Natur und der Gesellschaft und wirft die Frage auf, die sich jede und jeder stellen sollte, ob sie oder er sich genügend für die Erhaltung des Friedens und der Umwelt einsetzt.
Das Gedicht „Überlegung" verdeutlicht, dass es wichtig ist, sich mit Themen wie Umwelt und Erhaltung des Friedens auseinanderzusetzen. Es wirft die Frage nach der Verantwortung eines jeden Menschen für unsere Umwelt und für Frieden in der Welt auf.
Das Gedicht will Leserinnen und Leser anregen, über ihr Handeln in Hinblick auf den Erhalt der Natur und einer friedlichen Welt nachzudenken.

2 **h** Mögliche Lösung:
Thema des Gedichtes ist meiner Meinung nach die Verantwortung für den Schutz unserer Umwelt und den Erhalt einer friedliebenden Gesellschaft.

2 **j** Mögliche Lösung:
Dagmar Nick:
– geboren 1926 in Breslau (heute Polen)
– 1933 Umzug nach Berlin
– Studium
– Schriftstellerin, z. B. Gedichte, Erzählungen, Reisebücher, Hörspiele
– Bekanntschaft mit Erich Kästner
– lebt seit vielen Jahren in München
Entstehungszeit: Es ist keine genaue Entstehungszeit angegeben.
Das Gedicht entstammt dem Gedichtband 03 „Gezählte Tage" (Gedichte 1986). Ob alle diese Gedichte 1986 entstanden sind, geht aus der Angabe nicht hervor. Der Band erschien erstmals 1992.

2 **k** Mögliche Lösung:
Dagmar Nick hat offensichtlich schon frühzeitig auf die Zerstörung der Natur aufmerksam gemacht. Da bis Ende der 1980er-Jahre der Kalte Krieg herrschte, könnte die Autorin mit ihrem Gedicht auf die Gefahr für den Weltfrieden reagiert haben.

Seite 40

1 **a** Mögliche Lösung:

Einleitung
Das Gedicht „Überlegung" von Dagmar Nick befasst sich mit einem wichtigen gesellschaftlichen Thema unserer Zeit. Die Grundstimmung wirkt sehr nachdenklich.

1 b Mögliche Lösung:
Inhaltsangabe
Das lyrische Ich hinterfragt sein Handeln und stellt verzweifelt fest, dass seine guten Absichten sich nicht erfüllt haben.
Interpretationshypothese
Das Gedicht „Überlegung" verdeutlicht, dass es wichtig ist, sich mit Themen wie Umwelt und Erhaltung des Friedens auseinanderzusetzen. Es wirft die Frage nach der Verantwortung eines jeden Menschen für unsere Umwelt und für Frieden in der Welt auf.

1 d Mögliche Lösung:
Dagmar Nick hat offensichtlich schon in den 1980iger Jahren auf die Zerstörung der Natur aufmerksam gemacht. Da in dieser Zeit der sogenannte Kalte Krieg herrschte, könnte die Autorin mit ihrem Gedicht auch auf die Gefahr für den Weltfrieden reagiert haben.

1 e Mögliche Lösung:
Schluss
Das Gedicht hat mich sehr nachdenklich gestimmt, denn die thematisierte Problematik besteht auch in unserer heutigen Zeit. Die Botschaft der Autorin, sich des eigenen Handelns bewusst zu sein und Verantwortung zu übernehmen, ist auch für unsere Generation von großer Bedeutung.

Seite 41

2 a Mögliche Lösung:
Stichpunkte zum Brief an das lyrische Ich
Fragen: Was hast du für den Schutz der Natur / des Friedens getan? /
Was würdest du heute anders machen? / Engagierst du dich in einer Gruppe? / Welche Ratschläge kannst du jungen Leuten geben? …
Meinung: junge und ältere Generationen müssen zusammenarbeiten /
Verzweiflung nützt niemandem / für eine gute Absicht ist es nie zu spät
eigene Gedanken: was mir wichtig ist … / ich engagiere mich bereits … / meine Ideen … / …

Seite 42

1 a Mögliche Lösung:
- Drama enthält komische und tragische Passagen
- Verbindung von heiteren und traurigen Ereignissen
- Lachen und Weinen liegen dicht beieinander

Seite 43

1 c Mögliche Lösung:
tragisches Schicksal der Frau Zachanassian / Alfred Ill wirkt gewissenlos / bedrückende Stimmung / düstere Situation / verarmte Bürger der Stadt erhoffen sich viel Geld / Werden die Bürger das Milliarden-Angebot dauerhaft ablehnen? / Wird Ill von den Bürgern der Stadt umgebracht werden? / Das Verlangen der Multimilliardärin – Gerechtigkeit oder Rache? / Ist der geforderte Tod des Schuldigen gerechtfertigt? / Kann man sich Gerechtigkeit kaufen? …

Seite 44

2 **a** Handlungsort: Güllen (fiktive Stadt) / Wirtshaus
Handlungszeit: 1955
Figuren: Claire Zachanassian, Alfred Ill, Bürgermeister, Butler, Bürgerinnen und Bürger der Stadt Güllen

2 **b** Mögliche Lösung:
Die Güllener hoffen, dass Claire Zachanassian ihrer Stadt eine großzügige Geldspende vermacht, damit sie aus ihrer Armut herauskommen.

2 **c** Claire Zachanassian fordert die Bürger auf, Alfred Ill zu töten.

2 **d** Der Bürgermeister und die Güllener Bürger lehnen die Forderung „im Namen der Menschlichkeit" ab. Sie sagen zunächst, sie wollten lieber arm bleiben.

2 **e** Mögliche Lösung:
– Z. 34: Alfred Ill scheint gewissenlos / fühlt sich unschuldig:
„Alte Geschichten. Ich war jung und unbesonnen. [...]"
– Z. 37: „*stampft auf den Boden* Verjährt, alles verjährt! Eine alte, verrückte Geschichte."
– Er ist begeistert von seiner vermeintlich guten Fürsprache bei Claire Zachanassian für Güllen:
Z. 9 „*Ill trommelt sich begeistert auf die Brust. [...]*"
– Z. 24: Er wirkt zunehmend unsicherer: „*Ill steht auf, bleich, gleichzeitig erschrocken und verwundert.*"
– Z. 27: „Bitte. *Er tritt vor den Tisch rechts. Lacht verlegen. Zuckt die Achseln.*"

2 **f** Mögliche Lösung:
– *Konflikt Claire Zachanassian und Alfred Ill:* Sie macht ihn für ihr Schicksal verantwortlich, welches er einst durch eine Falschaussage herbeiführte, und fordert seinen Tod – er fühlt sich nicht schuldig und übernimmt keine Verantwortung. z. B.: „Dies ist die Geschichte: Ein Richter, ein Angeklagter, zwei falsche Zeugen, ein Fehlurteil im Jahre 1910. [...]" (Z. 35,36)
Ill: „Alte Geschichten. Ich war jung und unbesonnen. [...]" (Z. 34)

Seite 45

– *Konflikt Güllener Bürger und Claire Zachanassian:* Die Güllener brauchen Geld, um ihrer Armut zu entkommen - C. Zachanassian bietet ihnen eine Milliarde, wenn sie Alfred Ill töten, was die Bürger ablehnen, z. B.: „Eine Milliarde für Güllen, wenn jemand Alfred Ill tötet." (Z. 45, 46) / „Lieber bleiben wir arm denn blutbefleckt." (Z. 51)

2 **g** Mögliche Lösung:
– Die Güllener suchen nach einem Ausweg, um das Geld doch noch zu bekommen, ohne Alfred Ill töten zu müssen.
– Es kommt zu einer Gerichtsverhandlung, in der Alfred Ill zwar verurteilt wird, aber keine Todesstrafe erhält.
– Die Güllener Bürger erliegen den Verlockungen des Geldes und töten dafür Alfred Ill.
– Alfred Ill verlässt Güllen heimlich.
– Die Güllener halten zu Alfred Ill und irgendwann verlässt Claire Zachanassian, des Wartens müde, Güllen.

3 **a** Mögliche Lösung:
<u>Claire Zachanassian:</u> aufgedonnert, viel Schmuck, teure Kleidung, korpulent, verlebte Gesichtszüge, Anfang sechzig, hieß ehemals Klara Wäscher, hatte eine Tochter, ehemals Prostituierte
<u>Alfred Ill:</u> im ärmlichen Sonntagsstaat, älterer Mann, schlaffe Haut, hochgewachsen, Mitte sechzig, Ladenbesitzer

Bürgermeister: abgetragener Anzug, weißes Hemd und Krawatte, rundlich, mittleres Alter
Bürger von Güllen: ärmliche, abgetragene Kleidung
Butler: ehemals Oberrichter, Mitte siebzig, füllig, schwarzer Anzug

3 **b** Mögliche Lösung:

Figur	Äußerung/Verhalten	mögliche Gedanken und Gefühle	mögliche Eigenschaften
Claire Zacha-nassian	– *Eine Milliarde für Ills Tod* „Ich warte." (Z. 53)	Ich will Gerechtigkeit. Ill ist schuldig! Die Zeit kommt, zu der die Güllener für Geld Ill töten.	verletzte Gefühle, rachsüchtig, machtbewusst
Alfred Ill	– bemüht sich um Claires Geld – bekennt sich nicht schuldig, alles sei längst verjährt	Claire muss uns helfen! Wir waren doch jung! Wieso kommt sie damit nach 45 Jahren? Meine Schuld ist längst verjährt!	verzweifelt und hoffnungsvoll zugleich leichtfertig, verantwortungslos, kein Schuldbewusstsein
Bürger-meister	– will die Bedingung für das Geld wissen – lehnt Tötung Ills ab, lieber arm bleiben	Was verlangt sie für das Geld von uns? Wir sind doch keine Mörder!	ist besorgt entsetzt menschlich/human
Butler	– vertritt die Interessen von C. Zachanassian – beschuldigt Ill wegen seines Verhaltens bei der Vaterschaftsklage – „Und nun wollen Sie Gerechtigkeit, Claire Zachanassian?" (Z. 44)	Wird sich Ill schuldig bekennen? Frau Zachanassian wird mit mir zufrieden sein! Sind die Güllener käuflich?	fühlt sich getäuscht Schuldgefühl er ist untertänig/hörig
Güllener Bürger	bejubeln anfangs C. Zachanassians Geldversprechen, sind dann bestürzt über ihre Forderung	Bald geht es uns besser! Ill für Geld töten?	notleidend, arm unbedarft, blauäugig, gierig bestürzt

3 **c** Mögliche Lösung:

Claire Zachanassian
- häufig das Personalpronomen „ich", z.B.: „Ich will die Bedingungen nennen." (Z. 12), „Wie ich es sagte." (Z. 16), „Ich warte." (Z. 53)
- Wortwiederholung, z.B.: „Bedingung" (Z. 6, 12)
- zum Teil sehr kurze Sätze, z.B.: „Es lebte ein Jahr." (Z. 39), „Ich wurde eine Dirne." (Z. 41)
  Wirkung: Ihre Sprache wirkt auf mich befehlsgewohnt, verbittert, herrisch.

Alfred Ill
- einfache, kurze Sätze, z.B.: „Alte Geschichten. Ich war jung und unbesonnen." (Z. 34)
- kurze Frage- und Ausrufesätze, z.B.: „Was wollen Sie von mir?" (Z. 25), „Verjährt, alles verjährt!" (Z. 37)

Wirkung: Seine Sprache wirkt auf mich gefühlskalt, aber auch unsicher und aufbrausend.

Bürgermeister
- Fragesätze, z. B.: „Darf ich diese Bedingung wissen?" (Z. 10, 11), „Wie ist dies zu verstehen, gnädige Frau?" (Z. 15)
- Ausrufesatz, z. B.: „Die Gerechtigkeit kann man doch nicht kaufen!" (Z. 17)
- direktes Ansprechen Claire Zachanassians, z. B.: „Unter einer Bedingung, haben gnädige Frau gesagt." (Z. 10), „Frau Zachanassian: (...)" (Z. 49)
- Wortwiederholung, z. B.: „Noch sind wir (...), noch sind wir (...) " (Z. 49)
  Wirkung: Seine Sprache wirkt auf mich etwas dienstfertig, als wolle er seinen Status als Bürgermeister hervorheben.

Butler
- direktes Ansprechen Alfred Ills, z. B.: „Treten Sie vor, Herr Ill." (Z. 26)
- kurze Fragesätze im Dialog mit Frau Zachanassian, z. B.: „Was geschah mit dem Kind, Klägerin?" (Z. 39)
- längere Sätze bei Erläuterungen, z. B.: „Claire Zachanassian, damals Klara Wäscher, klagte Sie, Herr Ill, an, der Vater ihres Kindes zu sein." (Z. 29,30)
  Wirkung: Seine Sprache wirkt auf mich machtbewusst, dominant, besonders gegenüber Alfred Ill. Der Butler wandelt sich wieder zum Richter.

Seite 46

4 **a** Mögliche Lösung:

Einleitung

Friedrich Dürrenmatts Tragische Komödie „Der Besuch der alten Dame" stammt aus dem Jahr 1956. In dem Dramenauszug geht es um die verarmte Bürgerschaft der fiktiven Stadt Güllen, die ihre Hoffnungen auf eine Verbesserung ihrer prekären Lage in die Ankunft einer ehemaligen Bewohnerin setzt.

4 **b** Mögliche Lösung:

Inhaltsangabe

Die Multimillionärin Claire Zachanassian, ehemals Klara Wäscher, bietet den Bürgern der heruntergekommenen Stadt Güllen eine Milliarde, wenn sie dafür Alfred Ill, ihren ehemaligen Geliebten, töten. Langsam wandelt sich die Stimmung in der Stadt.

4 **c** Mögliche Lösung:

Interpretationshypothese

Die Multimillionärin Claire Zachanassian will Vergeltung für das ihr in jungen Jahren von Alfred Ill angetane Unrecht und macht den Bewohnern der Stadt Güllen ein inhumanes Angebot, indem sie deren Not zur Befriedigung ihrer Rache ausnutzen will.

4 **e** Mögliche Lösung:

Schluss

Zusammenfassend lässt sich feststellen, dass Claire Zachanassians Ansinnen zunächst von den Bürgern der Stadt abgelehnt wird. Sie wollen lieber arm bleiben, anstatt einen Mord zu begehen. Die Frage bleibt offen, ob sie den Verlockungen des Geldes standhalten werden. Claire Zachanassians Meinung, dass man für Geld alles kaufen kann und dass sie abwarten will, deutet die Käuflichkeit der Güllener bereits an.

Seite 51

1 **a** Handlungsort: ein Park / eine Parkanlage
Handlungszeit: eine Stunde an einem Wochentag

Handlungsverlauf: Parkbummel eines Vaters mit seinem heranwachsenden, jugendlichen Kind / Gespräch zwischen beiden / Frage, Bitte, Wunsch an den Vater, sich öfter zu sehen / Mitteilung des Vaters, dass er weit wegziehen wird

1 **b**   Das zentrale Thema ist das Verhältnis eines heranwachsenden Kindes zu seinem von ihm getrennt lebenden Vater und dessen Wunsch, mehr Zeit mit dem Vater verbringen zu können.

1 **c**   Mögliche Deutungen:
Das Wegziehen des Vaters in ein südliches Land wird mit dem Begriff „Zugvögel", die im Herbst in den Süden fliegen, verglichen.
Während ihres Parkbummels unterhalten sich Vater und Kind über Stockenten, die, so erklärt der Vater, gar nicht in den Süden fliegen. Also keine Zugvögel sind.
Zum Schluss bietet der Vater seinem Kind an, es könne ihn mit dem Flugzeug besuchen kommen, so wie die Stockenten, die jedoch gar nicht in den Süden fliegen. Die bleiben hier. Das wirft für mich die Frage auf, ob der Vater sein Angebot, ihn zu besuchen, ernst meint.

1 **d**   Die Autorin hat die Ich-Erzählperspektive gewählt. Dadurch wirkt das Erzählte sehr authentisch und man kann sich in das Handlungsgeschehen sehr gut einfühlen.

1 **d**   Mögliche Lösung:
Ich-Erzählerin bzw. Ich-Erzähler:
äußere Merkmale: trägt Hosen / hat früher gern Zuckerwatte gegessen
innere Merkmale: möchte den Vater mehr als einmal im Monat sehen / überwindet Verlegenheit und äußert den Wunsch, sich öfter zu sehen / läuft enttäuscht weg / ist traurig, zornig
Sprache: meist knappe Sprache, Fragesätze / Umgangssprache

Vater:
äußere Merkmale: trägt Krawatte, legt Wert auf sein Äußeres, nimmt sich eine Stunde für sein Kind Zeit, hat dieses Treffen zwischen zwei Besprechungen eingeschoben / legt seine Hand auf die Schulter des Kindes
innere Merkmale: teilweise verlegen / erklärt, redet viel / widerspricht sich / versucht aufmunternd zu wirken / z. T. unsicheres Auftreten, dann aber auch wieder fester Gang
Sprache: meist knappe Frage- bzw. Aussagesätze / für Erklärungen z. T. Satzgefüge

1 **f**

Sprachliche (stilistische) Gestaltung	Textbeispiel	Wirkung/Deutung
bildhafte Vergleiche / Bezeichnungen	„Zuckerwattenbaum" (Z. 4) „als du klein warst" (Z. 6) „dieses klebrige Zeug" (Z. 7) „Ich zucke mit den Schultern." (Z. 18) „Mein Mund ist plötzlich ganz trocken." (Z. 31) „Ich grabe meine Fäuste in die Hosentaschen" (Z. 34) „(…) und legst mir eine Hand auf die Schulter." (Z. 29–30)	wirkt kindlich vertraut Verweis auf Kindheit gewisse Abwertung drückt Gleichgültigkeit aus sich überwinden: erstaunt, sprachlos, überrascht sein; das Kind ist enttäuscht, traurig über Umzug des Vaters; Geste des Zusammenhalts, des Vertrauens

ausdrucksstarke Adjektive und Verben	schnuppern, grinsen, murmeln, stapfen, fliegen, beschleunigen, … faltenfrei, glatt, …	anschauliche Darstellung von charakteristischen Merkmalen
Wiederholungen	„in einer Stunde" / „Eine Stunde" (Z. 14/15)	Betonung des kurzen Beisammenseins mit dem Vater
Redewendungen	„nehme ich all meinen Mut zusammen" (Z. 21) „Mein Mund ist plötzlich ganz trocken." (Z. 31)	sich überwinden → Frage an den Vater; erstaunt, sprachlos, überrascht sein
Satzbau	z. T. kurze Frage- und Antwortsätze: „Warum nicht?" (Z. 26) / „Alles ok." (Z. 18) längere Sätze (z. B. Z. 21–23)	charakterisieren das eilige Treffen und die Unsicherheit zwischen Vater und Kind; dienen der anschaulichen Darstellung der Handlung

❶ g Es handelt sich bei dem Text „Zugvögel" um eine Kurzgeschichte, da sie folgende typischen Merkmale von Kurzgeschichten aufweist:

Kurzgeschichte allgemein	„Zugvögel"
kurzer, überschaubarer Text	Text umfasst eine Seite
direkter Einstieg in die Handlung	Text beginnt mit einem Dialog
offenes Ende	offene Frage: Wie könnte es für Vater und Kind weitergehen?
Beschränkung auf wenige Figuren	Vater und Kind
Darstellung einer Alltagssituation mit Blick auf eine besondere Begebenheit	Treffen eines getrennt von der Familie lebenden Vaters mit seinem Kind: Der Wunsch des Kindes nach einer engeren Bindung bleibt unerfüllt (Vater zieht weit weg).
keine ausführlichen Informationen zu den Figuren	keine Angabe zu Alter, Namen, Geschlecht des Kindes
chronologische Darstellung	zeitlicher Ablauf der Handlung
kurzer Zeitraum	eine Stunde
meist kein Ortswechsel	Spaziergang im Park
sachliche, knappe Sprache	Dialog: z. T. knappe Frage- und Antwortsätze
Alltagssprache, Umgangssprache	Sprache ist gut verständlich

❷ Mögliche Lösung:
Die Autorin Elisabeth Steinkeller hat 2016 den Text „Zugvögel" verfasst. Es handelt sich um eine Kurzgeschichte, die unter anderem folgende Merkmale aufweist: Der Text enthält keine Einleitung, das Ende bleibt offen. Thematisiert wird eine typische Alltagssituation, nämlich das Verhältnis zwischen einem heranwachsenden Kind und seinem getrennt von der Familie lebenden Vater. Die Figuren bleiben anonym und werden kaum charakterisiert.

Inhaltsangabe:

In der Kurzgeschichte „Zugvögel" wird aus der Sicht eines heranwachsenden Kindes die kurze Begegnung mit seinem Vater erzählt. Der Wunsch, den Vater öfter sehen zu können, bleibt unerfüllt, da dieser in ein anderes Land ziehen will.

Interpretationshypothese:

Die Kurzgeschichte thematisiert das Verhältnis zwischen Trennungskindern und dem nicht mehr bei der Familie lebenden Elternteil. Aufgrund veränderter Lebenssituationen kann es zu einer Entfremdung und Enttäuschung statt zu einer engeren Bindung kommen und das Kind bricht den Kontakt ab.

Begründungen für Interpretationshypothese:

Die bzw. der Heranwachsende nimmt all ihren/seinen Mut zusammen und fragt den Vater: „Können wir uns nicht öfter sehen? Vielleicht jedes Wochenende statt nur einmal im Monat" (S. 50, Z. 21f.). Darauf erklärt der Vater, dass das nicht möglich sein wird, weil er in ein anderes Land ziehen wird. Dies wird zu einer Zerreißprobe für das Kind. Bitter enttäuscht wendet es sich vom Vater ab. „Ich grabe meine Fäuste in die Hosentaschen und bemühe mich, die Tränen zurückzuhalten" (S. 50, Z. 34 f.). Das Treffen mit dem Vater wird abrupt beendet.

„Ich sehe zu Boden und schlucke. Dann drehe ich mich einfach um und stapfe Richtung Ausgang" (S. 50, Z. 39f.). Der Vater wirkt teilweise unsicher im Umgang mit seinem Kind, wahrscheinlich weil er dessen Entwicklung nur aus einer zeitlichen Distanz von je einem Monat erlebt. Im Text heißt es: „Du versuchst ein Lächeln, es soll wohl aufmunternd wirken, tut es aber nicht" (S. 50, Z. 37f.). …

Schlussfolgerung:

Der Text stimmt nachdenklich und wirft auch die Frage auf, ob sich das angespannte Verhältnis wieder glätten oder bereinigen lässt. Die Enttäuschung, dass der sehnlichste Wunsch nicht in Erfüllung geht, ist deutlich spürbar. Weil das Geschehen aus der Ich-Perspektive erzählt wird, kann man sich gut in die Erzählfigur einfühlen.

❸ Mögliche Lösung:

Tagebucheintrag des Ich-Erzählers bzw. der Ich-Erzählerin

Ort/ Datum

Liebes Tagebuch,

mein Treffen mit Papa war eine totale Katastrophe!!! Ich bin megatraurig – immer wieder Tränen – und voll zornig zugleich!

Als er mich gestern anrief und sich für heute mit mir verabredet hat – ausnahmsweise ein Extratreffen – da war ich so happy! Eine Stunde mit ihm im Stadtpark bummeln! Er kam sogar pünktlich, obwohl er das Treffen mit mir zwischen zwei Besprechungen eingeschoben hat. Zunächst plauderten wir ein bisschen über die Zeit, als ich noch klein war – also als die Welt für mich noch in Ordnung war. Und Papa erinnerte sich, dass ich früher gern Zuckerwatte gegessen habe. Auf einen Baum zeigend, erklärte er, dass dies ein Zuckerwattebaum sei. Da war er so witzig wie früher und wir grinsten uns verschwörerisch an. Und am Parkteich erklärte er mir, so wie er mir früher alles erklärt hat, dass Stockenten hierbleiben. Dann wurde er wieder ernst und fragte nach der Schule und wie es zu Hause geht. Diese Fragerei nervt mich immer, was soll ich da antworten, er ist doch ohnehin nicht da, wenn ich ihn brauche!

Und dann – du wirst es nicht glauben – habe ich all meinen Mut zusammengenommen, weil mich das Treffen mit Papa so hoffnungsvoll stimmte, und habe ihn gefragt, ob wir uns nicht öfter sehen könnten, vielleicht jedes Wochenende …

Und er? – Er wirkte plötzlich etwas unsicher und legte mir seine Hand auf meine Schulter – und ich, ich spürte kurz eine Vertrautheit wie früher, aber da sagte er, dass das nicht geht, weil, weil er wegziehen wird. Weit weg, in ein anders Land! – Schock!!! Dann seh ich ihn ja gar nicht mehr!

Das kann er doch nicht machen! Ich ballte meine Fäuste in den Hosentaschen, um nicht loszuheulen. – Er fügte rasch hinzu, wahrscheinlich bemerkte er meine Verwirrung, dass ich jederzeit mit dem Flieger zu ihm kommen könnte. Wie denn? – Ich bin total außer mir!!! – Und schon laufen meine Tränen wieder …

Kannst du verstehen, wie mir zumute ist? – Er, der mich immer sein Sonnenkind genannt hat, geht einfach weg! Ich hab ihm nicht mehr in die Augen sehen können und wollte einfach nur weg von ihm, also bin ich losgelaufen … ich wollte nur nach Hause …

Was soll nun werden? Es fühlt sich für mich an wie ein böser Traum! – Und ich bin so zornig auf Papa, dass ich nicht mit ihm telefonieren werde, falls er anruft! – Zumindest nicht in nächster Zeit.

So, liebes Tagebuch, nun habe ich dir mein Herz ausgeschüttet – ich würde mich über ein paar tröstende Worte freuen!

Deine Lissy

Seite 52

1 **a und b**
1 Indikativ; Wiedergabe einer Tatsache, neutral, sachlich
2 Konjunktiv I; Äußerung anderer Person als indirekte Rede, noch zweifelnd, zögernd
3 Konjunktiv I; Äußerung anderer Person als indirekte Rede, betonend, hinweisend
4 Konjunktiv II; Ausdruck eines Wunsches, sehnsüchtig
5 Imperativ; auffordernd, empfehlend

Seite 53

2 1 sieht, sieh, sähe, sehe; **2** schieb, fahre, fahre, führen; **3** brauche, brauche, bräuchte; **4** gehe, geh, ginge, gehe

3 **a** **1** Imperativ; **2** Konjunktiv I; **3** Indikativ; **4** Konjunktiv II

3 **b** Mögliche Lösung:
1 Sie sagt, sie sei nach Paris geflogen. (Konjunktiv I); **2** Er nimmt viel Zucker für seinen Tee. (Indikativ); **3** Schwimm doch täglich! (Imperativ); **4** Er sagte, er führe in den Urlaub. (Konj. II)

Seite 54

4 **a**
1 Einstein sagt, die besten Dinge im Leben seien nicht die, die man für Geld bekomme.
2 Er meint, Fantasie sei wichtiger als Wissen, denn Wissen sei begrenzt.
3 Einstein sagt, inmitten von Schwierigkeiten würden günstige Gelegenheiten liegen. (… lägen günstige Gelegenheiten.)
4 Einstein findet, wo Liebe sei, gebe es keine Last.
5 Er sagt, Ordnung brauche nur der Dumme, das Genie beherrsche das Chaos.
6 Er stellt fest, Gott würfele nicht.
7 Einstein sagt, Zeit sei das, was man an der Uhr ablese.
8 Einstein meint, was wirklich zähle, sei die Intuition.

4 **b** Mögliche Lösung:
„Lernen ist Erfahrung, alles andere ist einfach nur Information."
Einstein meint, Lernen sei Erfahrung, alles andere sei einfach nur Information.

4 **c** (1) war, entwickelte (2) trug … bei (3) erhielt (4) prägte

4 d (1) Der Museumsführer erklärte, Einstein sei ein berühmter Physiker, der die Relativitätstheorie entwickelt hat. (2) Er meint, Einstein habe außerdem zur Entwicklung der Quantenphysik beigetragen. (3) Er führt aus, dass Einstein 1922 den Nobelpreis erhalten habe. (4) Der Museumsführer stellt fest, dass kein anderer Wissenschaftler das moderne Bild von Zeit und Raum so wie Albert Einstein geprägt habe.

Seite 55

5 2 habe/hätte; 3 besitze/besäße; gehöre/gehörte; 4 ausmache/ausmachte; 5 bringe/brächte; 6 könne/könnte

6 Mögliche Lösung:
Einer meiner größten Träume würde wahr, wenn ich im Lotto gewinnen würde. Ich wäre vollkommen unabhängig und könnte mir viele Wünsche erfüllen. Viel zu reisen, wäre wunderbar. Ich läge an einem einsamen Strand in der Hängematte und träumte von meinem weiteren Leben. Ich besäße vielleicht eine kleine Buchhandlung mit einem Café nebendran. Die Leute würden es lieben. Ach, könnte es nur möglich sein!

Seite 56

1 a und b

Aktiv	gelten, bejubelten, traten, verfolgten
Vorgangspassiv	wurden eröffnet, werden durchgeführt
Zustandspassiv	ist gegeben worden, ist gewesen

Aktiv:
Dein Führerschein gilt im Ausland nicht.
Die Zuschauer bejubelten die Theaterpremiere.
Sie traten bei jedem Wettbewerb als Duo auf.
Die Polizei verfolgte die Bankräuber durch die ganze Stadt.

Vorgangspassiv:
Das neue Einkaufszentrum wurde mit vielen Aktionen eröffnet.
Es wurden etliche Experimente durchgeführt.

Zustandspassiv:
Diese Möglichkeit ist ihm nicht gegeben worden.
Das ist ein deutlicher Warnschuss gewesen.

Seite 57

2 1 ist gesprintet; 2 wurde gekämpft; 3 wurde beendet; 4 ist beendet; 5 war beendet

3 Mögliche Lösung:
Die griechische Stadt Olympia war der Austragungsort der Olympischen Spiele der Antike. Dorthin wurden die stärksten oder schnellsten Männer geschickt. Laufen stellte lange die einzige Wettkampfdisziplin dar. Um 400 nach Christus wurden die Olympischen Spiele verboten. Im Jahr 1896 fanden die ersten Olympischen Spiel der Neuzeit in Athen statt. Nach einer Idee von Pierre de Coubertin wurde die Wiedereinführung der Olympischen Spiele beschlossen. Menschen aus aller Welt konnten nun antreten. Das erste Internationale Olympische Komitee ist gegründet worden. Die Olympischen Ringe stellen die fünf Kontinente dar.

Seite 58

1 Mögliche Lösung:

Wortarten	Beschreibung/Eigenschaften	Beispiele
Substantiv	bezeichnet Gegenstände/Personen/ Orte/ Eigennamen deklinierbar	das Theater, Magdeburg, Friedrich der Große, das Rote Meer
Verb	beschreibt Handlungen/Vorgänge, konjugierbar	entwickeln, verantworten, schlafen, lachen
Adjektiv	beschreibt Eigenschaften deklinierbar, komparierbar	merkwürdig, entsetzlich, stürmisch, langlebig
Artikel	Begleiter von Nomen, bestimmt, unbestimmt, deklinierbar	der, eine, die, das, ein
Pronomen	Stellvertreter für Nomen, Begleiter, deklinierbar	er, sie, mein, dich
Adverb	Umstandswort, unflektierbar, modifiziert Verben	dort, jetzt, hier, abends, endlich, nun
Konjunktion	verbinden Wörter, Sätze und Teilsätze (Bindewörter)	obwohl, weil, während, und
Präposition	Verhältniswort, zeigen räumliche, zeitliche oder logische Beziehungen an	seit, unter, gegen, mit
Numerale	Zahlwort, geben Zahlen oder Reihenfolge an	zwei, wenige, drittens, tausende
Interjektion	behält seine Aussageform, drückt Emotionen und Ausrufe aus	Aua!, oh, hurra, ach

Seite 59

1 a   das Pfannen/gemüse/gericht; die Herren/freizeit/bekleidung; die Tinten/fisch/fang/arme; das Tomaten/salat/gewürz; der Korrektur/rot/stift; die Auto/bahn/rast/stätte; die Blind/darm/operations/marke

1 b   Wach-Stube – Ort der Wachmannschaft in der Armee / Wachs-Tube – Behältnis für Wachs

2 mögliche Lösung;
klar: glasklar – der Klarlack; leicht: federleicht – der Leichtsinn; arm: bettelarm – die Armbeuge; süß: zuckersüß – das Süßholz; schwer: tonnenschwer – der Schwerlasttransport; bitter: bittersüß – der Magenbitter; hart: stahlhart – das Hartholz; alt: steinalt – das Altmühltal; nass: pitschnass – der Nassrasierer

Seite 60

1 mögliche Lösung:
entnehmen, vernehmen, annehmbar, ...; belesen, lesbar, die Lesung, ...; missdeuten, deutlich, die Bedeutung, ...

2 **a/b** die Grafschaft (A), die Kundschaft (A), der Schuhschaft (Z), schmackhaft (A), die Erzwingungshaft (Z), knabenhaft (A), launenhaft (A), zahlbar (A), die Suppenbar (Z), die Broilerbar (Z), nahbar (A), die Tanzbar (Z)

Seite 61

1 **a** C1; F2; H3; A4; D5; B6; I7; J8; G9; E10

1 **b** mögliche Lösung:
adäquat – angemessen, gleichwertig; obligatorisch – bindend, unabänderlich; sukzessiv – mit der Zeit, nach und nach; provisorisch – notdürftig, behelfsweise; lapidar – kurz, bündig; echauffieren – sich aufregen, empören; implizieren – beinhalten, ausführen; lamentieren – jammern, klagen; suggerieren – jemandem etwas einreden, beeinflussen; verifizieren – bekräftigen, bestätigen

Seite 62

2 **a** Englisch: Manager, Training, Foul, Computer, Fan
Französisch: Bonbon, Taille, Chance, Dessert, Cousin
Griechisch: Musik, Olympiade, Demokratie, Stadion

2 **c** Sport: Athletik, Leichtathletik
Wissen: Philosoph, Psychologie
Essen: Bouillon, Lasagne
Technik: Roboter, Prozessor
Mode: Fasson, Blouson

3 **a** die Demontage, die Jalousie, der Ingenieur, das Archiv, die Manipulation, die Margarine, die Drogerie, der Terrier, die Perfektion, die Anatomie, die Explosion, der Portier, die Aktion

3 **b** Mögliche Lösung:
die Sabotage, die Piraterie, der Saboteur, das Kollektiv, die Kapitulation, die Vitrine, das Dossier

Seite 63

3 **c** Passage, Reportage, Etage, Garage, Tonnage, Bagage, Massage, Kartonage, Karambolage, Sabotage

4 Mögliche Lösung:
auto – selbst – der Automat; **sub** – unter – die Subkultur; **post** – nach, hinter – die Postmoderne; **mono** – einzeln, eins – die Monokultur; **anti** – gegen – die Antipathie; **pro** – für – proaktiv; **bi** – zwei – bilateral; **hydro** – auf Wasser bezogen – die Hydrokultur; **chrono** – auf die Zeit bezogen – chronologisch

Seite 64

5 **der First** – die Dachspitze; **die Kehle** – innen liegende Dachschnittlinie; **die Gaube** – Aufbau, der aus der Dachschräge ragt; **die Traufe** – Dach-/Unterkante; **der Giebel** – Wand zwischen den spitz zulaufenden Dachschrägen; **der Ortgang**: Ende der Dachfläche; **die Dachhaut** – Teil des Daches, der vor Niederschlag, Wind und Sonne schützt; **die Pfetten** – Holzbalken, die parallel zu First und Traufe verlaufen; **die Sparren** – Träger der Dachkonstruktion, die von der Traufe zum First verlaufen

Seite 65

1 **a** 5, 5, 5, 5, 7, 6, 5

Seite 66

1 **b**   2 <u>Schulabgänger</u> sollten sich ..., 3 <u>Die Berufswahl</u> beginnt ..., 4 <u>Die Jugendlichen</u> erhalten ...,
5 <u>Schülerinnen und Schüler</u> können sich ..., 6 <u>Sie</u> gehen ..., 7 <u>Man</u> kann ...

1 **c**   <u>für eine handwerkliche Ausbildung</u> entscheiden (Akkusativ), <u>in die Anforderungen der</u>
<u>Berufswelt</u> Einblicke erhalten (Akkusativ), sich <u>mit vier von ihnen gewählten Berufen</u> vertraut
machen (Dativ), <u>in einen Praktikumsbetrieb</u> gehen (Akkusativ)

1 **d**   in Deutschland, in vielen Schulen, in Thüringen

1 **e**   <u>viele</u> Handwerksbetriebe, <u>gut ausgebildete</u> Handwerker, eine <u>handwerkliche</u> Ausbildung, in
<u>verschiedenen</u> Branchen, in <u>vielen</u> Schulen, die Anforderungen <u>der Berufswelt</u>, mit <u>vier von ihnen</u>
<u>gewählten</u> Berufen, im <u>zweiten</u> Schulhalbjahr, mit dem <u>zweiwöchigen</u> Praktikum

2 Mögliche Lösung:
1   Die Jugendlichen gewinnen ...; Detaillierte Einblicke gewinnen ...; In den Berufsalltag ...;
    Bei einem Praktikum gewinnen ...
2   Langfristig entwickeln ...; Sie entwickeln ...; Für den passenden Beruf entwickeln ...; Ein
    Gespür entwickeln ...
3   Ausbildungsbetriebe ...; Von den Ideen ...
4   Am Ende ...; Alle Beteiligten ...; Neue Einsichten ...

1   in den Berufsalltag (PO) / detaillierte Einblicke (AO) / gewinnen (P) / Jugendliche (S) / bei
    einem Praktikum (MB)
2   langfristig (TB) / sie (S) / für einen passenden Beruf (PO) / entwickeln (P) / ein Gespür (AO)
3   der jungen Menschen (GO) / Ausbildungsbetriebe (S) / von den Ideen (PO) / profitieren (P)
4   Am Ende (TB) / gewinnen (P) / alle Beteiligten (S) / neue Einsichten (AO)

Seite 67

1 **a**   verbunden: 1,2,3,4,5,6,7,8,9 / unverbunden: 10
Bindewörter: sondern, aber, und, außerdem, denn, jedoch, oder, zusätzlich

Seite 68

1 **b**   denn, sondern, aber, und, außerdem, denn, jedoch, oder, zusätzlich. Konjunktionen
ohne Komma möglich: Satz 4, 8 (zwei Hauptsätze mit „und", „oder")

2 Mögliche Lösung:
1   Der Naturschutzbund Deutschland e.V. (NABU) ist schon 125 Jahre alt, er wurde bereits 1899
    von Lina Hähnle als „Bund für Vogelschutz" gegründet.
2   Der NABU ist somit der älteste Umweltverband in Deutschland und mit mehr als 940 000
    Mitgliedern und Förderern ist er der mitgliederstärkste.
3   Seine Mitglieder setzen sich für den Erhalt von Lebensräumen ein, denn sie
    engagieren sich für Artenvielfalt und eine gesunde Umwelt.
4   Seit 1982 gibt es die NAJU (Naturschutzjugend im NABU), sie ist eine
    unabhängige Jugendorganisation mit deutschlandweit über 100 000 Mitgliedern.
5   Insgesamt hilft der NABU direkt vor Ort, außerdem entwickelt er auch Lösungen für die
    Natur- und Klimakrise.

Seite 69

1 **a** 2 ..., weil ... verspeist. 3 Da ... verbringt, ...; 4 ..., weil ... sieht, so dass ... muss.; 5 ..., wenn ... ist.; 6 ..., da ... sitzen.; 7 Dass ... kann; ...; 8 Wenn ... beobachtet, ..., da ... ist.

Seite 70

1 **b** 2 Hs + Ns (1. Grades); 3 Ns (1. Grades) + Hs; 4 Hs + Ns (1. Grades) + Ns (2. Grades); 5 Hs + Ns (1. Grades); 6 Hs + Ns (1. Grades); 7 Ns (1. Grades) + Hs; 8 Ns (1. Grades) + Hs + Ns (2. Grades)

2 **a/b** 1 Der Blaue Engel ist eines der bekanntesten Umweltzeichen, welches auf vielen umweltfreundlichen Produkten zu finden ist. (Relativsatz) 2 Ob ein Produkt dieses Zeichen erhält, legt eine Jury aus 16 Mitgliedern fest. (Konjunktionalsatz) 3 Wo das Umweltpotenzial eines Produktes liegt, muss von der Jury genau bestimmt werden. (Fragewortsatz) 4 Das Umweltbundesamt erarbeitet Kriterien, die dann der Jury vorgelegt werden. (Relativsatz) 5 Nachdem ein Produkt das Umweltzeichen erhielt, wird es in regelmäßigen Abständen überprüft. (Konjunktionalsatz) 6 Wenn es nicht mehr den Kriterien entspricht, wird das Zeichen aberkannt. (Konjunktionalsatz) 7 Wer umweltfreundlich einkaufen will, hat sicherlich mit dem Blauen Engel eine gute Orientierung. (Fragewortsatz)

Seite 71

3 **a/b** Seit Jahren verbreitet sich unter den Vogelarten eine Krankheit, die sich Vogelgrippe nennt. (Hs, Ns 1. Grades) 2 Wie sich die Krankheit so schnell über die Kontinente verbreiten konnte, ... (Ns 1.Grades + Hs); 3 ..., dass die Zugvögel das Virus einschleppen; ..., der lebende Tiere und Eier und Geflügelprodukte in der Welt verbreitet. (Hs + Ns 1. Grades + Hs + Ns 1. Grades) 4 ..., dass man ... genauer untersuchen sollte, damit man ... beibehalten kann. (Hs + Ns 1. Grades + Ns 2. Grades); 5 Ist die Vogelgrippe bereits ausgebrochen, ... (Ns 1.Grades + Hs); 6 ..., weil diese Kenntnisse auch die Wildvögel, die ebenfalls bedroht sind, schützen können. (Hs + Ns 1. Grades, Teil 1 + Ns 2. Grades + Ns 1. Grades, Teil 2)

Seite 72

1 **a** Mögliche Lösung:
1 die; 2 da; 3 welche; 4 weil, wie; 5 da

1 **b** 1 ..., die man Wiesenralle oder Wiesenknarrer nennt. 2 ..., da dieser Vogel sehr selten anzutreffen ist. 3 ..., welche bis in den Spätsommer nicht gemäht werden sollen. 4 Weil die Wiesenralle versteckt lebt, ..., wie viele Brutpaare es wirklich gibt. 5 ..., da durch die wirtschaftliche Nutzung der Wiesen ihr Lebensraum erheblich eingeschränkt ist.

1 1 Der Europäische Biber ist ein Tier, das den Auen ihre Natürlichkeit zurückbringt. 2 Der Biber errichtet seine Burgen an den Ufern unterschiedlicher Gewässer, wodurch er den Hochwasserschutz verbessert. 3 Der Biber fördert die Artenvielfalt, da das Pflanzen von Weichholzarten auch anderen Tieren als Lebensraum dient. 4 Vielen ist der Biber aber ein Dorn im Auge, weil er an Bäumen nagt und sich von Getreide und Mais ernährt. 5 Schutzmaßnahmen sind notwendig, da Mensch und Biber in Einklang leben können sollen.

Seite 73

1 1 Um zu überleben, ...; 2 ..., um Mineralstoffe und Salze in unsere Zellen zu schleusen. 3 ..., durch Schwitzen die Körpertemperatur zu regeln. 4 ..., anstatt süße Getränke zu uns zu nehmen,

...; **5** <u>Ohne ausreichend zu trinken</u>, ...; **6** ..., <u>regelmäßig kleinere Mengen von Wasser über den Tag verteilt zu sich zu nehmen</u>.

Seite 73 und 74

❷ a/b/c   **2** ..., beispielsweise Brauchwasser nutzend; **3** ..., begrünt durch Bäume und Sträucher, ...; **4** Gebäude und öffentliche Räume verschattend, ...; **5** Zur sinnvollen Wassernutzung beitragend ...; **6** ..., angefüllt mit ca. 150 Litern Wasser, ...; **7** Auf volle Geschirr- oder Waschmaschinen achtend ...

❷ d   Die Kommas in den Sätzen 5 und 7 sind nicht unbedingt notwendig, helfen aber, den Satz zu verstehen.

❸ Mögliche Lösung:
2 In Deutschland gibt es ca. 10 000 Kläranlagen, Einrichtungen zur Reinigung unseres Gebrauchswassers. **3** Sie säubern das Wasser von verschiedenen Verunreinigungen, wie zum Beispiel Speiseresten. **4** Problematisch ist das Herausfiltern von Medikamentenrückständen, besonders von flüssigen Medikamenten, und Chemikalien. **5** Das Vermeiden von Verschmutzungen hat oberste Priorität, also Aufmerksamkeit, in Bezug auf die Wasserqualität. **6** Aber auch die Quantität, also die Wassermenge, muss zukünftig in den Mittelpunkt gerückt werden. **7** In den Trockenjahren 2018 und 2019 war es notwendig, die Wasserverfügbarkeit, die Entnahme aus Flüssen und Bächen, zu regulieren.

Seite 75

❹ a   **1** ... an, die ... erfüllten. **2** ... Abbauhalden, Natur ... genannt, ...; **3** ... in Niedersachsen, die ...; **4** ... anzutreffen, dessen ...; **5** ... hat, kann ...; **6** ... zerstört, heute ...; **7** ... einzigartig, denn ...; **8** ... Brutplätze, so ...; **9** ... gesichtet, darunter ...; **10** ... heimisch, da ...

❹ b   Satz 2: Hs mit Partizipialgruppe; Satz 3: Hs mit nachgestellter Erläuterung; Satz 4: Satzgefüge (Hs+Ns); Satz 5: Satzgefüge (Ns+Hs); Satz 6: Satzreihe (Hs+Hs); Satz 7: Satzreihe (Hs+Hs); Satz 8: Hs mit nachgestellter Erläuterung; Satz 9: Hs mit nachgestellter Erläuterung; Satz 10: Satzgefüge (Hs+Ns)

Seite 76

❶ **2** Anstatt nur zu Hause zu hocken, ... **3** ..., um sich abzuhärten. **4** ... besonders daran interessiert, die heimische Tier- und Pflanzenwelt zu entdecken; **5** ..., um sich zu entwickeln.

❷ a+b+c
2 Wegen seines großen Wissensdrangs <u>reiste er</u> bis nach Südamerika. – einfacher Satz
3 <u>Aufgewachsen ist Alexander</u> in einem preußischen Elternhaus, wo er und sein Bruder Wilhelm eine ausgezeichnete Bildung und Erziehung genossen. – Satzgefüge (Hs+Ns)
4 <u>Diese Grundlagen kamen</u> ihm auf seinen Forschungsreisen <u>zugute</u>. – einfacher Satz
5 Insbesondere für naturwissenschaftliche Zusammenhänge <u>entwickelt Alexander</u> ein besonderes Gespür, weshalb seine Forschungen bis heute bedeutsam <u>sind</u>. – Satzgefüge (Hs+Ns)
6 Auf seiner Amerikareise <u>kartiert er</u> die Landschaft und sammelt Pflanzen, Steine und anderes, was er kistenweise nach Europa schaffen <u>ließ</u>. – Satzgefüge (Hs+Ns)
7 Seine Reisen <u>finanzierte</u> er mit seinem Erbe, aber <u>er</u> <u>unterstützte</u> auch Künstler wie Justus Liebig. – Satzgefüge (Hs+Hs)

Seite 77

1 a   1 ... bekannt; manches ...; 2 ... bekam; beide Jungen erhielten eine gute Bildung. 3 ..., insbesondere durch das Sammeln von Pflanzen, Steinen und Insekten; das Bestimmen, Ordnen und Etikettieren seiner Fundstücke; das Entwerfen von Karten zum Planetensystem.

1 b   4 Auf seinen späteren Reisen in Südamerika erforschte er die Pflanzen- und Tierwelt, sammelte, bestimmte und systematisierte seine Funde, kartierte Flussläufe und Landschaften; er widmete sich aber auch Infektionskrankheiten, wie dem Gelbfieber.
5 Alexander von Humboldt betrachtete die Welt als Ganzes; so war er nicht nur Naturwissenschaftler durch und durch, sondern auch Schöngeist und Kosmopolit.

2   2 Hierzu sammelt man die entsprechenden Pflanzen; man presst und trocknet sie vorsichtig, am besten in schweren Büchern; man klebt sie nach dem Trocknen auf sauberes unliniertes Papier.
4 Jede Pflanze wird schriftlich mit bestimmten Informationen versehen, um den Fund zu dokumentieren; die Inhalte lassen sich im Internet recherchieren.

Seite 79

1 b   Mögliche Lösung:
„Trotz stark gekürzter Förderung", so heißt es im Text gleich zu Beginn, „macht sich eine Photovoltaik-Anlage [...] noch immer schnell bezahlt" (Netz, 2017, S. 36).
– Allerdings weist der Autor darauf hin, dass es heute nicht mehr damit getan
  sei, selbst erzeugten Sonnenstrom einfach ins öffentliche Netz
  einzuspeisen (vgl. ebd., Zeilen 3–4).
– „Gute Gewinne macht in erster Linie, wer möglichst viel davon selbst
  verbraucht" (vgl. ebd., Zeilen 4–5). Diese ließen sich noch mithilfe eines Stromspeichers
  steigern, da sich dann der Eigenverbrauch erhöhen lässt (vgl. ebd., Zeilen 5–7).

– Eine Photovoltaik-Anlage mit fünf Kilowatt Spitzenleistung ernte übers Jahr gerechnet im
  Schnitt rund 4500 Kilowattstunden Solarstrom und damit in etwa den Jahresverbrauch eines
  Vier-Personen-Haushalts. (Netz, 2017, S. 37, Zeilen 9–11).
– Es lasse sich aber nur ein Teil davon selbst verbrauchen, denn „in den Wintermonaten läuft die
  Stromproduktion vom Dach auf Sparflamme, des Nachts kommt sie gänzlich zum Erliegen"
  (vgl. ebd., Zeilen 13–15).
– Mit einer elektrischen Wärmepumpe als Heizung ließe sich der Umfang des Eigenverbrauchs
  nochmals steigern. Dann seien die Möglichkeiten ausgereizt (vgl. ebd., Zeilen 19–24).
...
Quelle: Netz, Hartmut: Kraftwerk auf dem Dach. Aus: Naturschutz heute Nr. 1/2017, S. 36–37.

Seite 80

1 a   Mechanisch bestellte sie einen Latte Macchiato. Die Kellnerin lächelte und wollte sich auf den Weg zurück zur Theke machen, doch Nika hielt sie am Arm fest. Fragte sie, ob sie sich noch an Jenny erinnerte, ihre Freundin, mit der sie ein paarmal hier gewesen war. (...) sah ratlos drein. „Jenny?" „Sì." Nika versuchte es noch einmal, in einer hilflosen Mischung aus Italienisch, Englisch und Deutsch, bis Paola lachend abwinkte. „Ich erinnere mich an sie", antwortete sie auf Englisch. „Du suchst nach ihr?" „Ja. Hast du sie heute irgendwann gesehen?" Paola dachte nur kurz nach und schüttelte dann energisch den Kopf. „Nein, ganz sicher nicht." „Und ... gestern?" „Auch nicht. [...] Maybe – vielleicht ist sie ans Meer gefahren. Das machen jetzt viele, es war ziemlich warm die letzten Tage. [...]" Sie zog ihr Handy aus einer Tasche ihrer Schürze. „Meine Kollegin, die große schlanke – erinnerst du dich? So blond wie du." Nika nickte benommen. „Ist auch ans Meer gefahren. Hat sich einfach freigenommen und schreibt, sie kommt erst in einer Woche zurück."

1 b „Nein, ich habe sie ganz sicher nicht gesehen." „Und hast du sie gestern gesehen?" „Da habe ich sie auch nicht gesehen. [...]"

Seite 81

1 a *Metall* war das erste Wort, das Nika in den Sinn kam, noch im Halbschlaf. Der Geschmack in ihrem Mund. Als hätte sich dort eine Münze aufgelöst. Sie schluckte. Nein, das fühlte sich nicht gut an. Ihr Kopf, ihr Magen … war es so wild hergegangen letzte Nacht? Ächzend drehte sie sich zur Seite, stellte mit matter Verwunderung fest, wie schwer ihr das fiel. Und, was schlimmer war, wie übel ihr dabei wurde. (…) Ein oder zwei Minuten lang kämpfte sie mit dem Gefühl, dass ihr gleich hochkommen würde, was sie gestern gegessen und getrunken hatte, doch dann legte sich die Übelkeit. Mit dem Gefühl, die Schwerkraft kaum überwinden zu können, richtete Nika sich auf. Sie trug noch ihre Jeans, wieso trug sie beim Schlafen ihre Jeans? Die waren außerdem viel dreckiger als gestern noch und unten am Saum feucht. Genauso wie das Shirt, mit dem sie am Abend aus dem Haus gegangen war. Von ihren Sommerstiefeletten hatte sie nur die rechte ausgezogen; sie lag ein paar Meter entfernt nahe der Zimmertür und sah aus, als wäre sie damit durch Matsch gewatet. Die linke hatte sie immer noch an, entsprechend dreckig war das Fußende des Bettes. (…) Waren sie wieder in einen der Brunnen gestiegen? Das gab dann möglicherweise noch Ärger, die Sieneser Polizei verstand da keinen Spaß. (…) Ihre rechte Hand war verbunden. Völlig eingewickelt in den grünen Sommerschal, den sie gestern getragen hatte und der nun fleckig und feucht war. (…)

1 b Mögliche Lösung:
Relativpronomen: „das erste Wort, das Nika in den Sinn kam, … (Z. 1)
nachgestellte Erläuterung: „das Nika in den Sinn kam, noch im Halbschlaf." (Z. 1)
Possessivpronomen: „Der Geschmack in ihrem Mund." (Z. 1)
Adverb (Lokal, des Ortes): „Als hätte sich dort eine Münze aufgelöst." (Z. 1)
…

1 c Mögliche Lösung:
Nika kam als erstes Wort *Metall* in den Sinn, noch im Halbschlaf: Betonung der Person, nicht des Wortes *Metall*.
In ihrem Mund der Geschmack: stärkere Betonung des Ortes (Mund) als des Metallgeschmacks.
Eine Münze könnte sich dort aufgelöst haben: stärkere Betonung auf dem Objekt (Münze) als auf dem Ort (Mund).

Seite 83

1 b Verbalstil

1 c Mögliche Lösung:
Es war eines Morgens, nachdem Sofie zwei harte Pflaumen unmittelbar nacheinander am Kopf getroffen hatten und sie richtig wütend auf Pierre Anthon geworden war, weil er einfach nur da oben in diesem Baum saß und uns andere entmutigte.
„Du sitzt bloß da und gaffst in die Luft. Ist das vielleicht besser?", rief sie. …

Seite 84

2 a Nominalstil

2 b Mögliche Lösung:
Häufig bekommt man zu hören, dass Lesen keine Rolle im Leben von vielen Menschen spielt. Aber das ist ein Fehler, denn überall werden wir zum Lesen gebracht, sei es am Bahnhof beim

Anschauen der Abfahrtsanzeige, beim Orientieren an einem fremden Ort oder beim Googeln im Internet. Ohne das Lesen ist der Mensch stark eingeschränkt. Deshalb dient die Lesefertigkeit dem Bewältigen unseres Alltags.

3 a 1 Nominalstil; 2 Verbalstil; 3 Nominalstil; 4 Verbalstil; 5 Verbalstil

3 b Mögliche Lösung:
1 Viele erfüllt es, zu lesen. 2 Das Lesen ermöglicht dem Menschen Wissensaneignung, das Erträumen anderer Welten, ein besseres Zurechtkommen im eigenen Leben. 3 Es ist hilfreich, sich in einer Bibliothek anzumelden, da es sehr kostspielig sein kann, sich Bücher anzuschaffen. 4 In einer Bibliothek ist nicht nur die Ausleihe von Büchern möglich, sondern es sind auch Spiele, Filme und Musik im Angebot. 5 Kinder machen schon früh die Erfahrung, wie groß der Unterhaltungswert und die Spannung von Büchern sein können.

Seite 85

1 a Mögliche Lösung:

Sprachliches (stilistisches) Mittel	Beispiel (Z. …)	Wirkung
Vergleich	„Als hätte sich dort eine Münze aufgelöst." (Z. 2)	anschauliches Erzählen
Ellipse	„*Metall* war das erste Wort, das Nika in den Sinn kam, noch im Halbschlaf." (Z. 1)	kurzes, prägnantes Erzählen
rhetorische Frage	„(…), war es so wild hergegangen letzte Nacht?" (Z. 3–4)	man wird als Leser/-in reingezogen, erzeugt Neugier
Hyperbel (Steigerung)	„Und, was schlimmer war, wie übel ihr dabei wurde." (Z. 5–6)	Betonung des Gesagten
treffende Adverbien und Adjektive …	„Ächzend drehte sie sich zur Seite" (Z. 5) „mit matter Verwunderung" (Z. 5) …	anschaulich, lebendig …

1 b

Fragen	Wirkung
Paola sah ratlos drein. „Jenny?" „Du suchst nach ihr?"	erzeugt Spannung
„Ja. Hast du sie heute irgendwann gesehen?"	Nikas Verzweiflung kommt zum Ausdruck.
„Und … gestern?" „Auch nicht. […]"	Nikas Verzweiflung steigert sich.
„Meine Kollegin, die große schlanke – erinnerst du dich? So blond wie du."	erzeugt Neugier bei der Leserschaft

2 Mögliche Lösung:

Sprachliches (stilistisches) Mittel	Beispiel (Z. …)	Wirkung
Wiederholung	„irgendetwas" (Z. 4 + Z. 5)	Betonung seiner Aussage
Personifikation	„Die Tür lächelte. (Z. 9)	Das Gehen Pierre Anthons wird positiv gedeutet.
Vergleich …	„Mir kam die angelehnte Tür wie ein breit grinsendes Maul vor, (…)" (Z. 9–10) …	anschaulich, lebendig …

Seite 86

1 a

1 menschliches Lernen und Denken (nominalisiertes Verb)
2 etwas völlig Neues (nominalisiertes Adjektiv)
3 das Für und Wider (nominalisierte Präposition)
4 Schlagwörter, Fotos oder Bilder (Nomen), neue Texte (Adjektiv), etwas Ähnliches (nominalisiertes Adjektiv)
5 Millionen (Nomen), viel Vorteilhaftes (nominalisiertes Adjektiv), in ihrem Denken (nominalisiertes Verb)
6 im Klaren sein (nominalisiertes Adjektiv)

Seite 87

1 b Mögliche Lösung:
Unbestimmte Zahlwörter, wie z. B. *viel*, *andere*, *wenig*, werden in der Regel kleingeschrieben, auch wenn sie formale Merkmale von Substantivierungen aufweisen. Es darf aber auch großgeschrieben werden, wenn das Substantivierte besonders betont werden soll. (Duden)

2 1 A, a; 2 e, E; 3 S, s; 4 n, N; 5 N, n

3 1 einprägsamsten; 2 komplizierteste; 3 schönsten; 4 wärmere

Seite 88

1 das Grüne Gewölbe; der Große Wagen; der Französische Dom; die Blaue Moschee

2 a Mecklenburgisches Staatstheater, Klinik für Innere Medizin der Universität Rostock, deutsche Städte, Internationales Olympisches Komitee, Allgemeiner Deutscher Automobilclub, die innere Stimme

2 b Mögliche Lösung:
Das Mecklenburgische Staatstheater befindet sich in Schwerin und veranstaltet jährlich die Schlossfestspiele Schwerin. Im Juni 1894 wurde in Paris das Internationale Olympische Komitee gegründet.

Seite 89

1 1 widerspenstig/Widerspenstiges; 2 wiederbeleben/Wiederbeleben; 3 widerlich/Widerliches; 4 wiedergeben/ Wiedergeben

2 2 die Steigung; 3 die Herrlichkeit; 4 das Behältnis; 5 die Schönheit; 6 die Verständigung

3 2 behutsam; 3 ereignisreich; 4 geduldig; 5 gebieterisch; 6 eilig; 7 lebhaft; 8 klassisch

Seite 90

1 1 tanzen gehen; 2 lauwarm; 3 Kuchen backen; 4 fertig sein; 5 preisgeben; 6 tagträumen; 7 zusammenschreiben; 8 dazwischenkommen; 9 irgendetwas; 10 schätzen gelernt

Seite 91

2 1 kaltstellen; 2 ähnlichsehen; 3 falschspielen, falsch spielen; 4 schwarzsehen, schwarz sehen; 5 wiederholen, wieder holen; 6 zusammen halten, zusammenhalten

3 a Mögliche Lösung:
irgendjemand, irgendwann, irgendein, irgendwer, irgendwo, irgendwie, irgendwelche, irgendeiner, irgendwohin, irgendwoher
Merksatz: Verbindungen mit irgend- schreibt man zusammen.

3 b Mögliche Lösung:
irgendjemanden hören, sich irgendwo heimlich treffen, irgendetwas rufen, irgendein Stück geben, irgendwo Urlaub machen, irgendwoher Musik hören, irgendwann in dieser Woche Zeit haben, irgendwelche Leute einladen, ihn mit irgendeiner Frau sehen

Seite 92

4 1 Im Sommer geh ich oft draußen Tennis spielen. 2 Unter bestimmten Bedingungen kann man mit 16 Jahren Motorrad fahren. 3 Vor ekligen Spinnen kann man einfach nur Angst haben. 4 Im März mussten wir von unserem Opa Abschied nehmen. 5 Beim Eintritt zur Gamescom müssen wir sicher Schlange stehen.

5 a Mögliche Lösung:
heimfahren, irrführen, preisgeben, standhalten, leidtun, kopfstehen, eislaufen, stattgeben, teilnehmen, bergsteigen

5 b Mögliche Lösung:
Mit seinem Gerede kann er uns total irreführen.
Sie muss ihr Geheimnis endlich preisgeben, ansonsten passiert vielleicht etwas Schlimmes.
Mit so einem Schicksal kann er mir wirklich nur leidtun.
Hoffentlich wird es in diesem Winter mal so kalt, dass wir eislaufen können.

Seite 93

1 1 Otto-von-Guericke-Straße; 2 Magdeburger Chaussee; 3 Alt Prester; 4 Sternstraße; 5 Am Bördegarten; 6 Beyendorfer Grund

2 Zusammenschreibung: Gurkensteig, Prügelweg / Getrenntschreibung: An der Mettwurst, Auf dem Jochen, Zur Schönen Gelegenheit, Zur Hölle / mit Bindestrich: Karl-Kaltwasser-Straße, Friedlicher-Nachbar-Straße

3 Friedrich-Ebert-Allee; An der Kirche; Weiße-Dornen-Straße; Bahnhofsplatz

Seite 94

1 2 reich sein; 3 zusammen sein; 4 leise sein; 5 unterschiedlich sein; 6 wahr sein; 7 pleite sein; 8 witzig sein

2 a und b
1 zu hören/zuhören; 2 zureden/zu reden; 3 zu sagen/zusagen; 4 zustellen/zu stellen; 5 zu nehmen/ zunehmen

2 c 2 zuzureden; 3 zuzusagen

Seite 95

1 1 Albert Einstein gehört zu den bedeutendsten Physikern, deren wissenschaftliche Forschungen die physikalische Welt revolutionierten. 2 Er war nicht nur Denker und Forscher, sondern auch ein Mensch, der sich für den Weltfrieden und die Völkerverständigung einsetzte. 3 Einstein war tatsächlich ein guter Schüler, er hatte aber seine Schwierigkeiten mit einem autoritären Lehrstil und Unterricht fand er oft langweilig. 4 1921 wurde Alber Einstein der Nobelpreis für Physik verliehen, nicht jedoch für die Relativitätstheorie, er bekam ihn für die Entdeckung der Lichtquanten. 5 Einstein geriet mit anderen führenden Denkern in Kritik, als er 1939 den Anstoß zum Bau der ersten Atombombe gab. 6 Seine Überlegung war, dass Deutschland die Entdeckung der Uranspaltung für militärische Zwecke nutzbar machen könnte.

2 Satz 1: Relativsatz, Komma zwischen HS und NS
Satz 6: Nebensatz mit Konjunktion *dass*

3 Satz 2: Hs, Hs, Ns 1. Grades; Satz 3: Hs, Hs, Hs; Satz 4: Hs, Ns 1. Grades, Hs

4 1 Subjekt; 2 Akkusativobjekt; 3 Adverbialbestimmung der Art und Weise; 4 Prädikat; 5 Adverbialbestimmung der Zeit; 6 Genitivobjekt

5 wissenschaftliche, physikalische, nutzbar

Seite 96

6 Zusammensetzungen: Weltfrieden, Lehrstil, Atombombe;
Ableitungen: verliehen, Entdeckung, Anstoß

7 1 weiß; 2 das; 3 schloss; 4 unfassbar; 5 dass

8 1 fälschte, ärztliches; 2 Staatsangehörigkeit, entgehen; 3 sprechen

9 im Dunkeln tappen; Donnerstagnachmittag, verabredet sein, angst und bange sein, der Tag der offenen Tür, aufs Genaueste prüfen, das schwarze Schaf der Familie sein, die beste Lösung finden, der letzte Wille meines Vaters, im Großen und Ganzen zufrieden sein, das Wichtigste vergessen, immer auf dem Laufenden bleiben, Groß und Klein treffen

10 1 Allee; 2 Akkord; 3 Aggression; 4 diffizil; 5 exzessiv

Muttersprache plus

10 Arbeitsheft

Herausgegeben von Viola Oehme

Erarbeitet von
Bärbel Döring, Sabine Mähring, Iris Marko, Antje Viohl

Muttersprache *plus*

10 Arbeitsheft

Zu diesem Heft gibt es ein passendes **Schülerbuch** (ISBN 978-3-06-063285-5).

Redaktion: Karin Unfried

Illustrationen: Dorina Tessmann, Berlin (S. 3 o., 28, 30, 36, 38, 47, 48); Helene Graupner, Leipzig (S. 3 u., 58, 61, 64, 87, 90)

Umschlaggestaltung: werkstatt für gebrauchsgrafik, Garding

Umschlagillustration: Dorina Tessmann, Berlin

Layout: lernsatz.de

Technische Umsetzung: PER MEDIEN & MARKETING GmbH

Textquellen: 6 Böllern an Silvester – Männer-Idiotie oder wichtige Tradition? Nach einem Artikel von Clara Ott und Nando Sommerfeldt (29.12.2019). Online unter: https://www.welt.de/debatte/kommentare/article204561862/Pro-Contra-Gehoert-das-Boellern-an-Silvester-verboten.html, [Abruf: 28.10.24]. **10** Prozess um TikTok-Verbot in den USA eröffnet. Aus: ZEIT ONLINE vom 16.09.2024, Online unter: https://www.zeit.de/politik/ausland/2024-09/tiktok-verbot-usa-sicherheitsbedrohung-meinungsfreiheit, [Abruf: 15.10.2024]. **13 f.** Nach Markus Röck: Der hohe Preis des Weltraumtourismus. Online unter: https://www.nationalgeographic.de/reise-und-abenteuer/2021/08/der-hohe-preis-des-weltraumtourismus [Abruf: 15.10.2024]. **17 f.** Weltraum-Tourismus: Spaß und Forschung oder Klima-Horror? von Redaktionsnetzwerk Deutschland(RND) /dpa (18.07.2021). Online unter: https://www.rnd.de/reise/weltraum-tourismus-spass-und-forschung-oder-klima-horror-XRUVNVX3W7EVNQNBPCBR5PVSEQ.html [Abruf: 15.10.2024]. **20** Gerhard Hegmann: Internationale Raumstation vom 02.07.2024. Online unter: https://www.welt.de/wirtschaft/article252234712/Musk-soll-ISS-abstuerzen-lassen-Bauteile-werden-wohl-auf-die-Erde-fal len.html [Abruf: 15.10.2024]. **28 f.** Der unerwünschte Passagier von Wolfgang Altendorf; unveröffentlicht, 2016 von Irmgard Altendorf (Witwe des Autors) autorisiert. **34** Allerliebst schossen … Aus: Die Harzreise von Heinrich Heine, 1824. Aus: Heine, Heinrich: Die Harzreise. Hrsg. und mit einem Nachwort versehen von Christian Liedtke, Hamburg: Hoffmann und Campe, 2008, S. 60 f. **36** Das wünscht ich mir: Das Bretterhaus am Teich von Volker Braun. Aus: Volker Braun: Handbibliothek der Unbehausten. Neue Gedichte. Berlin: Suhrkamp Verlag, 2016, S. 12. **38** Überlegung von Dagmar Nick. Aus: Meine deutschen Gedichte. Eine Sammlung von Hartmut von Hentrich. Kallmeyersche Verlagsbuchhandlung bei Friedrich in Velber 1999, 2. Auflage 2001, S. 315. **42 f.** und **47 f.** Ausschnitte aus „Der Besuch der alten Dame" von Friedrich Dürrenmatt. Aus: Friedrich Dürrenmatt: Der Besuch der alten Dame. Zürich: Diogenes Verlag, 1985, S. 44–50; 56-63, 102–103. **50** Zugvögel von Elisabeth Steinkellner. Aus: Elisabeth Steinkellner: die Nacht der Falter und ich. Innsbruck/Wien: Tyrolia Verlag, 2016, S. 57–58. **54** Zitate von Albert Einstein. Zitate 1, 2 und 4. Aus: Albert Einstein. Einstein sagt. Zitate, Einfälle, Gedanken. Hrsg. v. Alice Calaprice, Übersetzungen von Anita Ehlers. München, Zürich: Piper, 2007, (3. Aufl. 2011). Zitate 3 und 5–8. Aus: www.zitate7.de [Abruf: 16.01.25]. **78** Kraftwerk auf dem Dach von Hartmut Netz. Aus: Naturschutz heute Nr. 1/2017, S. 36–37. **80 ff.** Poznanski, Ursula: Aquila. Bindlach: Loewe Verlag, 2017, S. 38 f.; 5 f. **83** und **85** Teller, Janne: Nichts. Was im Leben wichtig ist. München: Carl Hanser Verlag, 2000, S. 12; 9 f.

Bildquellen: 5 mauritius images / Bildagentur-online/Ohde/Alamy/Alamy Stock Photos; **9** stock.adobe.com/Tobias Seeliger; **10** stock.adobe.com/Nattakorn; **14** Shutterstock.com/robert_s; **16** dpa-infografik GmbH; **18** Shutterstock.com/Demetrio Media; **23** Depositphotos/Erwin Wodicka; **34** Shutterstock.com/Kay Wiegand; **35** mauritius images / World Book Inc.; **42** Diogenes Verlag AG, Zürich; **45** dpa Picture-Alliance/KEYSTONE; **51** stock.adobe.com/commbolina; **54** mauritius images / Glasshouse; **67** stock.adobe.com/Vlasto Opatovsky; **69** stock.adobe.com/Stephan Morris; **71** stock.adobe.com/comccke; **77** stock.adobe.com/Georgios Kollidas; **80** Gaby Gerster/ © Loewe Verlag GmbH; **83** © 2010 Carl Hanser Verlag, München

www.cornelsen.de

Die Webseiten Dritter, deren Internetadressen in diesem Lehrwerk angegeben sind, wurden vor Drucklegung sorgfältig geprüft. Der Verlag übernimmt keine Gewähr für die Aktualität und den Inhalt dieser Seiten oder solcher, die mit ihnen verlinkt sind.

Dieses Werk berücksichtigt die Regeln der reformierten Rechtschreibung und Zeichensetzung.
Die mit * gekennzeichneten Texte wurden aus didaktischen Gründen gekürzt und/oder verändert.

1. Auflage, 1. Druck 2025

Alle Drucke dieser Auflage sind inhaltlich unverändert und können im Unterricht nebeneinander verwendet werden.

© 2025 Cornelsen Verlag GmbH, Mecklenburgische Str. 53, 14197 Berlin, E-Mail: service@cornelsen.de

Druck: Athesiadruck GmbH, Bozen

ISBN 978-3-06-063315-9

PEFC-zertifiziert
Dieses Produkt stammt aus nachhaltig bewirtschafteten Wäldern und kontrollierten Quellen
PEFC/18-31-166 www.pefc.de

Inhalt

Sich schriftlich mit Problemen auseinandersetzen – Erörtern

Kontroverse (dialektische) Erörterungen schreiben

Eine textunabhängige (freie) Erörterung schreiben

1 Wiederhole dein Wissen zum textunabhängigen (freien) Erörtern mithilfe des Merkkastens.

> Beim **textunabhängigen (freien) Erörtern** setzt man sich schriftlich mit einem Problem oder Sachverhalt (einer Behauptung, Aussage, These, Frage, Forderung, Situationsbeschreibung oder einem Thema) auseinander.
>
> Ziel des Erörterns ist es, Erkenntnisse zu gewinnen, Ansätze zur Problemlösung zu finden, Standpunkte zu bilden und/oder zum Meinungsaustausch beizutragen. Dazu muss man sich einen Überblick über das Problem oder die Sache verschaffen, Erkenntnisse, Standpunkte und/oder Problemlösungsmöglichkeiten formulieren und diese mit Argumenten (Begründungen + Beispiele) begründen.

2 Seit vielen Jahren wird in Deutschland über die Einführung eines bedingungslosen Grundeinkommens (BGE) diskutiert. Damit ist gemeint, dass alle Bürgerinnen und Bürger von Geburt an jeden Monat eine ausreichende Summe für den Lebensunterhalt vom Staat bekommen.

Tipp
Informiere dich genauer zum Modell des BGE:
https://www. mein-grundeinkommen.de/erkenntnisse/ was-ist-es

a Bereite eine textunabhängige kontroverse Erörterung zu diesem Thema vor. Übernimm folgende Tabelle und ergänze mindestens zwei Argumente pro Spalte. Arbeite im Heft oder am Computer.

b Formuliere nun deine Meinung zum Thema in einem Satz. Nummeriere deine Argumente in der Tabelle nach ihrer Überzeugungskraft. Beginne mit dem stärksten oder dem schwächsten Argument.

Ein bedingungsloses Grundeinkommen für alle Bürger	
Pro-Argumente	**Kontra-Argumente**
Argument 1: Begründung: Das BGE gibt jedem die Sicherheit, dass Geld für notwendige Anschaffungen und die Miete vorhanden ist. Beispiel: Arme Menschen müssen nicht zum Amt, um Sozialleistungen zu beantragen (oft mit Scham verbunden).	Argument 1: Begründung: Es ist ungerecht, wenn auch die Personen ein Grundeinkommen bekommen, die genug Geld haben. Beispiel: Wenn jemand gut verdient oder geerbt hat, dann braucht die Person das Grundeinkommen nicht.
Argument 2: … Begründung: … Beispiel: …	Argument 2: … Begründung: … Beispiel: …
Argument 3: … Begründung: … Beispiel: … …	Argument 3: … Begründung: … Beispiel: … …

3 Entwirf eine Erörterung zum Thema aus Aufgabe 2. Schreibe im Heft oder am Computer.

a Entwirf die Einleitung. Formuliere das Thema als Frage.
In den Medien wird diskutiert, ob ...

b Entwirf den Hauptteil der Erörterung. Ordne deine Argumente im Block oder im Wechsel an. Orientiere dich dazu an folgendem Merkkasten.

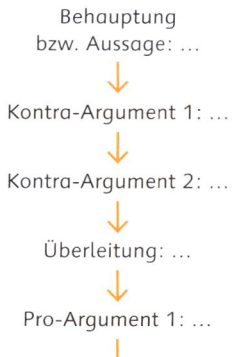

Behauptung
bzw. Aussage: ...
↓
Kontra-Argument 1: ...
↓
Kontra-Argument 2: ...
↓
Überleitung: ...
↓
Pro-Argument 1: ...
↓
Pro-Argument 2: ...

Bei der **Gegenüberstellung der Argumente im Block** werden zuerst alle Pro-Argumente angeführt und danach alle Kontra-Argumente oder umgekehrt. Ausschlaggebend ist, ob man sich selbst für Pro oder für Kontra entscheidet oder einen Kompromiss vorschlägt. Die Argumente für die eigene oder stärkere Position stellt man an das Ende, weil sie den Lesenden so besser im Gedächtnis bleiben.

Bei der **Gegenüberstellung der Argumente im Wechsel** verbindet man jeweils ein Pro-Argument mit dem dazugehörigen Kontra-Argument. Dieses Vorgehen wiederholt man beliebig oft.

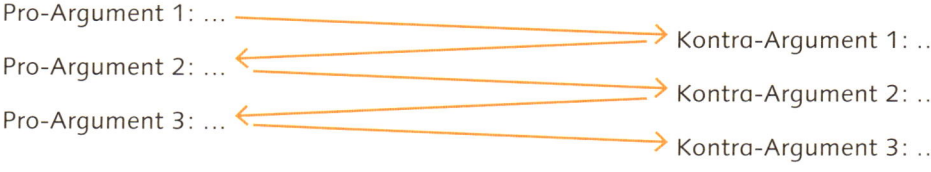

Pro-Argument 1: ...   Kontra-Argument 1: ...
Pro-Argument 2: ...   Kontra-Argument 2: ...
Pro-Argument 3: ...   Kontra-Argument 3: ...

c Fasse zum Schluss deine Meinung (deinen Standpunkt) zum Thema zusammen. Formuliere evtl. einen Kompromiss oder einen Vorschlag.
Nachdem ich das Für und Wider dargestellt habe, ... / Ich könnte mir vorstellen, ... / Eine gute Alternative könnte ...

Tipp
Ergänze ein Quellenverzeichnis, wenn nötig.

d Überarbeite deinen Entwurf und schreibe die Endfassung der Erörterung. Achte auf Inhalt, Sprache und Form.

Eine textbezogene (textgebundene) Erörterung schreiben

4 Wiederhole dein Wissen zum textbezogenen (textgebundenen) Erörtern mithilfe des Merkkastens.

Beim **textbezogenen (textgebundenen) Erörtern** setzt man sich kritisch mit einem Text (z. B. Kommentar, Diskussionsbeitrag, Bericht) auseinander. Ziel des Erörterns ist es, Erkenntnisse, Standpunkte oder Ansätze zur Problemlösung zu gewinnen und/oder sich am Meinungsaustausch zu beteiligen, z. B. in Form eines Leserbriefs bzw. ausführlichen Kommentars. Dabei bezieht man sich auf die Textvorlage, z. B. durch: knappes **Zusammenfassen** von Aussagen, Aufgreifen von **Schlüsselbegriffen** und direktes und **indirektes Zitieren**.

3b Du kannst zum Beispiel so von der Einleitung zum Hauptteil überleiten:
*Es gibt wichtige Gründe, die dafür- und dagegensprechen. ... /
Zur diskutierten Frage gibt es unterschiedliche Standpunkte. Wichtige Argumente dafür/dagegen sind ...*

Quelle:
Nach einem Artikel von
Clara Ott und Nando
Sommerfeldt (29.12.2019).
Online unter:
https://www.welt.de/
debatte/kommentare/
article204561862/Pro-
Contra-Gehoert-das-
Boellern-an-Silvester-
verboten.html,
[Abruf: 28.10.2024].

5 Bereite das Verfassen einer textbezogenen kontroversen Erörterung vor.

a Lies den folgenden Text zum Thema Silvesterböller. Achte dabei auf unbekannte Wörter und kläre deren Bedeutung.

Böllern an Silvester – Männer-Idiotie oder wichtige Tradition?

Clara Ott sagt: Mein vergangenes Silvester war perfekt: Wir standen auf dem Russian Hill in San Francisco, einem Hügel vor der Bay Area, der teilweise derart steil ist, dass die Straßen Treppenstufen haben. Wir schauten auf die zweitschönste Brücke der Stadt, um Punkt Mitternacht sausten die ersten Raketen an der
5 Oakland Bridge vorbei. Zwanzig Minuten lang erfreuten wir uns staunend an einem perfekt orchestrierten Feuerwerk: riesigen Kegeln aus Goldregen, brokatfarbenen Sternen und blauem Leuchtfeuer, schließlich waren wir in den USA.
Perfekt war aber nicht nur das inszenierte Spektakel. In der gesamten Stadt sind
10 private Feuerwerke verboten. Wir mussten vor und nach Mitternacht keine Angst haben, dass uns Raketen von hinten in die Jacke fliegen oder jemand absichtlich Böller nach uns wirft.
„Be smart and leave fireworks to the professionals!", steht in einer Warnung der örtlichen Feuerwehr – „Seid schlau und überlasst das Feuerwerk den Profis!". Ein
15 Viertel der Verletzten sind in den USA übrigens Kinder, die an Silvester und bei Feuerwerken am Nationalfeiertag einfach nur zugucken wollten.
In Deutschland startet dieses Jahr am 28. Dezember der Böllerverkauf. Und es wird nicht mit dem 31. aufhören, weil dank Internet die Quellen an Pyromix-Batterien niemals versiegen. Man kann die Silvesterknallerei aus vielen Gründen
20 ablehnen. Es kostet Millionen, allerdings bin ich da der Meinung: Wer sein Geld dafür ausgeben möchte, bitte schön.
Es endet in einem Matsch aus rosa-brauner Raketenpappe, in Holzstangen, die wieder vom Himmel fielen, in zurückgelassenen Sektflaschen, die an Neujahr auf den Straßen stehen. (Eigentlich sollte mit jeder Rakete ein Euro an die örtliche
25 Straßenreinigung gehen!)

Nando Sommerfeldt dagegen findet: Lasst uns diesen Spaß – trotz Klimadebatte. KRACH, BUMMM, ZZZISCH – mein privates Feuerwerk gehört für mich zu einem gelungenen Jahreswechsel einfach dazu. Total unvernünftig und nach Herzenslust Feuer und Krach zu produzieren und hinterher nicht mal aufräumen zu müssen,
30 das ist nur an Silvester möglich.
Bisher zumindest. In diesem Jahr allerdings stellt sich auf einmal die Frage, ob das wirklich ein gelungener Jahreswechsel ist. Erst recht für mich als Familienvater. So laut war die Kritik an der Silvester-Böllerei noch nie.
Das Umweltbundesamt rechnet vor, dass das Abbrennen von Feuerwerkskörpern in
35 der Silvesternacht zwei Prozent des übers Jahr in Deutschland freigesetzten Feinstaubs ausmacht. Die Deutsche Umwelthilfe fordert ein Verbot. Immer mehr Städte erlassen zumindest in ihren Innenstädten Böllerverbote.
Bin ich als begeisterter Feuerwerker also egoistisch? Denke ich zu kurzfristig, weil mir die Freude, das Strahlen in den Augen meiner Kinder wichtiger ist als der
40 Zustand der Welt, in der sie in den nächsten Jahrzehnten leben?
Mein ältester Sohn sagt dazu: „Bevor sie uns die paar Stunden Feuerwerk im Jahr verbieten, sollen sie sich mal mit Flugzeugen, Kohlekraftwerken oder den vielen Millionen Dieselautos beschäftigen. Wenn das geklärt ist, können wir uns über Silvesterraketen unterhalten."*

b Formuliere die im Text dargestellten Standpunkte.

Clara Ott meint: Ein öffentliches Feuerwerk

_____

Nando Sommerfeldt meint:

_____

c Notiere die angeführten Argumente (Begründungen und Beispiele) und bewerte sie. Gib auch die Textstellen an.

Argument 1 von Clara Ott:

– man kann sich an einem öffentlichen Feuerwerk „erfreuen" (Z. 5),

Beispiel: zwanzigminütiges „perfekt orchestrierte[s] Feuerwerk" (Z. 6)

in San Francisco

Meine Bewertung:

Das sehe ich auch/nicht so, weil

_____

Argument 2 von Clara Ott: _____

_____

_____

Meine Bewertung: _____

_____

Argument 3 von Clara Ott: _____

_____

_____

Meine Bewertung: _____

_____

Argument 1 von Nando Sommerfeldt: _____

_____

_____

Meine Bewertung: _____

_____

Argument 2 von Nando Sommerfeldt: _____

_____

_____

Meine Bewertung: _____

_____

Argument 3 von Nando Sommerfeldt (von seinem Sohn): _____

_____

_____

Meine Bewertung: _____

_____

Tipp
Informiere dich im
Internet über Regeln
zum Silvesterböllern
und Erfahrungen mit
Silvester-, Licht- und
Lasershows.

d Ergänze mindestens ein eigenes Argument für und gegen privates Silvesterböllern.

Pro:	Kontra:
Begründung: _____	Begründung: _____
_____	_____
_____	_____
Beispiel: _____	Beispiel: _____
_____	_____
_____	_____

e Formuliere deinen Standpunkt als Behauptung (These).

_____

_____

5e Du kannst z. B. folgende Formulierungen verwenden:
Privates Silvesterböllern sollte auf keinen Fall verboten werden.
Privates Feuerwerk sollte auf jeden Fall möglich sein.
Ein öffentliches Feuerwerk in einer Stadt oder Gemeinde reicht völlig aus.
Privates Silvesterböllern sollte grundsätzlich verboten werden.

6 Schreibe einen Entwurf deiner Erörterung zum Thema Silvesterböller. Schreibe ins Heft oder am Computer.

a Entwirf die Einleitung. Orientiere dich an folgendem Merkkasten.

> Eine **textbezogene Erörterung** enthält in der Regel folgende **Bestandteile**:
> - **Einleitung:**
>   Nennen der Textvorlage (Textsorte, Titel, Verfasserin/Verfasser, Quelle), des Problems und des dargestellten Standpunkts;
> - **Hauptteil:**
>   Darlegen und Bewerten der im Text angeführten Argumente, Darstellen eigener Argumente;
>
> Den Hauptteil kann man auf verschiedene Arten gliedern, z.B.:
> **Gliederung im Block,** z.B.:
> 2 Hauptteil
> 2.1 Wiedergabe der Pro-Argumente und Auseinandersetzung im Block:
>   – Pro-Argument 1, Bewertung, eigenes Argument
>   – Pro-Argument 2, Bewertung, eigenes Argument usw.
> 2.2 Wiedergabe der Kontra-Argumente und Auseinandersetzung im Block:
>   – Kontra-Argument 1, Bewertung, eigenes Argument
>   – Kontra-Argument 2, Bewertung, eigenes Argument usw.
> **Gliederung im Wechsel,** z.B.:
> 2 Hauptteil
> 2.1 Wiedergabe der Pro- und Kontra-Argumente, Auseinandersetzung im Wechsel
>   – Pro- und Kontra-Argument 1, Bewertung, eigenes Pro- und Kontra-Argument 1
>   – Pro- und Kontra-Argument 2, Bewertung, eigenes Pro- und Kontra-Argument 2 usw.
>
> - Schluss: Formulieren eines eigenen Standpunkts (Zustimmung, Ablehnung, Kompromiss), ggf. Empfehlungen und/oder offene Fragen.

b Entscheide dich für eine Gliederung und entwirf den Hauptteil deiner Erörterung. Ordne dazu alle Argumente aus den Aufgaben 5c und d entsprechend. Beginne mit dem jeweils stärksten oder schwächsten Argument.

Tipp
Diskutiere deinen Standpunkt mit anderen, z.B. in der Klasse.

c Entwirf den Schluss der Erörterung. Orientiere dich am Merkkasten in Aufgabe a.

7 Überarbeite deinen Entwurf aus Aufgabe 6 und schreibe die Endfassung.

6b Du kannst z.B. folgende Formulierungen verwenden:
Für/Gegen ein öffentliches Feuerwerk spricht sich … aus. Sie/Er begründet das durch folgende Argumente: Erstens … Als Beispiel dafür wird … angeführt. Dem stimme ich zu, gebe aber zu bedenken, dass … Zweitens …

8 Schreibe eine weitere textgebundene kontroverse Erörterung. Schreibe ins Heft oder am Computer.

a Lies den folgenden Text und notiere das Problem als Frage.

Quelle:
ZEIT ONLINE, vom
16.09.2024, Online unter:
https://www.zeit.de/politik/
ausland/2024-09/tiktok-
verbot-usa-
sicherheitsbedrohung-
meinungsfreiheit
[Abruf: 15.10.2024].

Prozess um TikTok-Verbot in den USA beginnt

TikTok droht in den USA ein Verbot: Dort sieht man die App als Sicherheitsbedrohung. Der chinesische Konzern warnt hingegen vor einem Angriff auf die Meinungsfreiheit.
In den USA hat mitten im US-Präsidentschaftswahlkampf ein Berufungsverfahren
5 im Prozess gegen das soziale Netzwerk TikTok begonnen. Die Richterinnen und Richter beraten darin die Beschwerde der chinesischen Kurzvideo-Plattform und ihres Mutterkonzerns ByteDance gegen ein entsprechendes US-Gesetz. Die Konzerne sehen darin eine Verletzung des Rechts ihrer 170 Millionen
10 US-Nutzerinnen und Nutzer auf freie Meinungsäußerung. „Es ist eine radikale Abkehr von der Tradition dieses Landes, ein offenes Internet zu fördern."
Das US-Justizministerium betrachtet TikTok dagegen
15 als Risiko für die nationale Sicherheit. Wegen der Nähe der Firma zur Regierung in China befürchtet die Behörde Datenspionage und eine Manipulation der öffentlichen Meinung. TikTok und ByteDance haben diese Vorwürfe mehrfach zurückgewiesen.*

b Übernimm folgende Tabelle und ergänze sie.

US-Justizministerium		Chinesischer Konzern	
Standpunkt: …		Standpunkt: …	
Argument:		**Argument:**	
Begründung:		Begründung:	
Beispiel:		Beispiel:	

c Ergänze eigene Argumente und bilde dir einen Standpunkt.

d Schreibe einen vollständigen Entwurf deiner textgebundenen kontroversen Erörterung. Beachte folgenden Aufbau:

<u>Einleitung:</u> kurze Beschreibung des Videoportals TikTok und Nennen des Problems (der Frage)

<u>Hauptteil:</u> Darstellung und Bewertung der Standpunkte und Argumente aus dem Text und des eigenen begründeten Standpunktes (Gliederung im Block oder im Wechsel)

<u>Schluss:</u> sachliche Zusammenfassung der Meinungen zum Thema

e Überarbeite deine Erörterung und erstelle die Endfassung. Achte dabei auch auf Sprache und Rechtschreibung.

1 Bereite eine textungebundene kontroverse Erörterung vor.

2 P.   **a**   Lies folgende Forderungen. Formuliere das Problem jeweils als Frage.

1) *Ein verpflichtender Hundeführerschein für alle Rassen wird gefordert.*

2) *Schülerinnen und Schüler sollen auch in den Ferien berufsorientierende Praktika absolvieren.*

1) _____

2) _____

_____

8 P. / ½ P. pro
Begründung /
½ P. pro Beispiel

b   Finde zu beiden Forderungen aus Aufgabe a mindestens zwei Pro- und zwei Kontra-Argumente. Trage sie stichwortartig in die Tabelle ein.

| Thema 1: Hundeführerschein ||
Pro-Argument	Kontra-Argument
Begründung 1:	Begründung 1:
Beispiel 1:	Beispiel 1:
Begründung 2:	Begründung 2:
Beispiel 2:	Beispiel 2:

Thema 2: Ferienpraktika	
Pro-Argument	**Kontra-Argument**
Begründung 1:	Begründung 1:
Beispiel 1:	Beispiel 1:
Begründung 2:	Begründung 2:
Beispiel 2:	Beispiel 2:

4 P.   **c**   Bilde dir zu beiden Themen einen Standpunkt und formuliere ihn.

1) _____

2) _____

**3 P. jeweils pro Einleitung + pro Schluss /
2 P. pro Standpunkt /
4 P. für Argumente /
2 P. für Gliederung des Hauptteils /
4 P. für Satzverknüpfung**

2 Wähle ein Thema aus Aufgabe 1 a aus und schreibe eine kontroverse Erörterung. Schreibe im Heft oder am Computer.

a Verfasse zuerst einen Entwurf. Achte auf Einleitung, Hauptteil und Schluss.

b Überarbeite deinen Entwurf gründlich. Achte auch auf die sprachliche Gestaltung (z. B. auf die Satzverknüpfungen) und die Rechtschreibung. Erstelle die Endfassung, wenn nötig, ergänze ein Quellenverzeichnis.
Beachte: Zu viele Fehler führen zu Punktabzug.

insgesamt: … P. / 29 P.

Sachtexte lesen und verstehen

Sachtexte erschließen

Sachtexte dienen vorrangig der Wissensvermittlung und/oder Meinungsbildung. Sie können:
- **informieren:** Sachverhalte bzw. Geschehen werden relativ wertneutral dargestellt,
- **werten:** Sachverhalte bzw. Geschehen werden aus der Sicht der Autorinnen/ Autoren dargestellt und bewertet,
- **appellieren:** Leserinnen/Leser werden zu bestimmten Reaktionen veranlasst und/oder zum Handeln aufgefordert bzw. angeregt.

Um komplexe Themen anschaulich darzustellen, eignen sich besonders **diskontinuierliche** Texte. Im Unterschied zu **kontinuierlichen** Texten (Fließtexten) enthalten diese neben Fließtexten weitere **Textbausteine**, z. B.:
- Daten in Form von Stichpunkten, Diagrammen oder Tabellen,
- Begriffserklärungen, Fakten, Zitate in Form von Glossars, Fußnoten, Kästen,
- Zusatzinformationen in Form von Verweisen oder Links,
- Meinungsäußerungen in Form von grafisch abgehobenen Kurzinterviews,
- Bilder, Abbildungen, Schaubilder oder Grafiken.

1 Erschließe den folgenden diskontinuierlichen Sachtext.

a Überfliege den Text und versuche, das Thema des Textes zu erfassen.

Der hohe Preis des Weltraumtourismus

Den blauen Planeten einmal im Leben aus dem Weltraum betrachten: Es ist ein Traum, den viele Menschen hegen. Was über Jahrzehnte hinweg nur einem sehr kleinen Personenkreis vorbehalten war, ist in den letzten Monaten* für manche Realität geworden. Gleich zwei private Raumfahrtunternehmen starteten im Juli
5 mit zivilen Flügen ins All. Den Anfang machte der britische Milliardär Richard Branson mit seinem Unternehmen Virgin Galactic. Wenige Tage später zogen Amazon-Gründer Jeff Bezos und seine Firma Blue Origin nach. Das Besondere daran: Nicht zu Forschungszwecken waren die beiden Milliardäre und ihre Gäste unterwegs – das Privatvergnügen stand im Vordergrund. In Zukunft wollen beide
10 Unternehmer – ebenso wie Elon Musk mit seinem Unternehmen SpaceX – regelmäßig Privatpersonen ins All fliegen. Hat damit das Zeitalter des Weltraumtourismus begonnen?
Rund 400.000 Euro soll ein Flug mit Bransons Unternehmen Virgin Galactic kosten. Die Reise führt allerdings nur in rund 85 Kilometer Höhe, was streng
15 genommen noch nicht als Weltraum zählt. Wer tatsächlich in den Erdorbit möchte, muss aber noch tiefer in die Tasche greifen. Für umgerechnet etwa 50 Millionen Euro bietet SpaceX Flüge zur immerhin bereits rund 400 Kilometer von der Erde entfernten Raumstation ISS* an. Im Preis mit inbegriffen ist ein mehrtägiger Aufenthalt dort.

* nach einem Artikel von Markus Röck in der Zeitschrift National Geographic (2.09.2021)

Online unter: https://www. nationalgeographic.de/ reise-und- abenteuer/2021/08/ der-hohe-preis-des- weltraumtourismus [Abruf: 21.09.2024].

1a Nutze eine der folgenden Lesetechniken des orientierenden Lesens:

Diagonallesen   Slalomlesen

20 Der Weltraumtourismus bleibt also vorerst ein teures Vergnügen. […]
Niedrigere Preise und neue, effizientere Antriebssysteme könnten auch abseits vom
Weltraumtourismus Vorteile mit sich bringen – zum Beispiel in der
wissenschaftlichen Raumfahrt. Mit den für private Weltraumreisen neu
entwickelten Technologien könnten Nutzlasten kostengünstig an die Grenzen der

25 Atmosphäre oder in den Erdorbit gebracht werden. Trotzdem ist der
Weltraumtourismus ein zweischneidiges Schwert. Die Kehrseite der Medaille ist die
Frage der Nachhaltigkeit. Ein Punkt, der in diesem Bereich immer wieder diskutiert
wird, ist der Energieverbrauch von Raketen. Es bedarf einer enormen Energie, um
auch nur kleinste Massen in den Orbit zu bringen. Um solche Energien freizusetzen,

30 benötigt es leistungsstarke Raketenantriebe, die mal mehr, mal weniger
Auswirkungen auf die Umwelt haben. Genauere Untersuchungen zu den
Umweltauswirkungen von Weltraumtourismus gibt es derzeit noch nicht.

Raketenstarts im Allgemeinen
machen aktuell auch nur
35 einen geringen Anteil des
weltweiten CO_2-Ausstoßes
aus. Es ist aber nicht von der
Hand zu weisen, dass die
Auswirkungen steigen werden,
40 wenn mehr Raketen ins All
starten. Dass es dazu kommen
wird, darüber sind sich die
Experten einig. Virgin Galactic
gab bereits bekannt, künftig
45 bis zu 400 Weltraumflüge pro
Jahr anbieten zu wollen, und
weltweit steigen die
Investitionen in kommerzielle
Raumfahrt an.
50 Der ehemalige Astronaut
Thomas Reiter ist in Bezug auf künftigen Weltraumtourismus zuversichtlich: „Unser
Wunsch wäre es, dass möglichst viele Menschen eher heute als morgen die
Gelegenheit bekommen, unseren schönen blauen Planeten von oben zu sehen", so
der ehemalige Astronaut. Wird der Faktor Nachhaltigkeit beim

55 Weltraumtourismus mitgedacht, könnte er in Reiters Augen nämlich noch eine
Sache bewirken: „Ein Bewusstsein für die Umwelt, für den Klimawandel und für
die Schutzwürdigkeit unseres Planeten – das ist etwas, das man dort oben sehr
eindringlich erlangen kann."*

* ISS – Abkürzung für International Space Station
Die Internationale Raumstation ist die bisher größte Raumstation der
Menschheit. Sie wird seit Beginn ihres Aufbaus 1998 in internationaler
Kooperation von 16 Staaten bzw. 5 Raumfahrtagenturen betrieben und
weiterentwickelt.
Auf der ISS entwickeln die großen Raumfahrtnationen gemeinsam Lösungen für
die globalen Herausforderungen unserer Gesellschaft: Gesundheit, Umwelt und
Klimawandel sowie Digitalisierung, Energie und Mobilität von morgen.

b Formuliere in einem Satz, worum es in diesem Text geht.

_____

_____

c Lies den Text noch einmal gründlich und schlage unbekannte Begriffe nach.

d Benenne die Textbauteile des diskontinuierlichen Textes.

_____

_____

2 Erschließe den Inhalt des Textes aus Aufgabe 1 nun genauer.

a Lies zuerst den Fließtext gründlich und beantworte folgende Fragen.

1. Welche Personen werden im Text genannt oder kommen zu Wort und welchen Beruf haben oder hatten sie?

_____

_____

_____

2. Wie viel kosten private Weltraumflüge zurzeit und was bekommt man für den jeweiligen Preis?

_____

_____

_____

_____

b Kreuze an, welche der folgenden Aussagen im Fließtext zu finden sind.

Bei der privaten Raumfahrt stehen Forschungszwecke im Vordergrund.	☐
Privatpersonen dürfen sich auf der Raumstation ISS aufhalten.	☐
Je größer das Interesse an Weltraumflügen, desto günstiger wird der Preis.	☐
Es kostet nur wenig Energie, Raketen ins All zu schießen.	☐
Die Investitionen in die kommerzielle Raumfahrt steigen.	☐
Der Weltraumtourismus wird vielleicht das Umweltbewusstsein stärken.	☐

c Betrachte die folgende Grafik. Formuliere die Aussage der Grafik auf den Schreibzeilen.

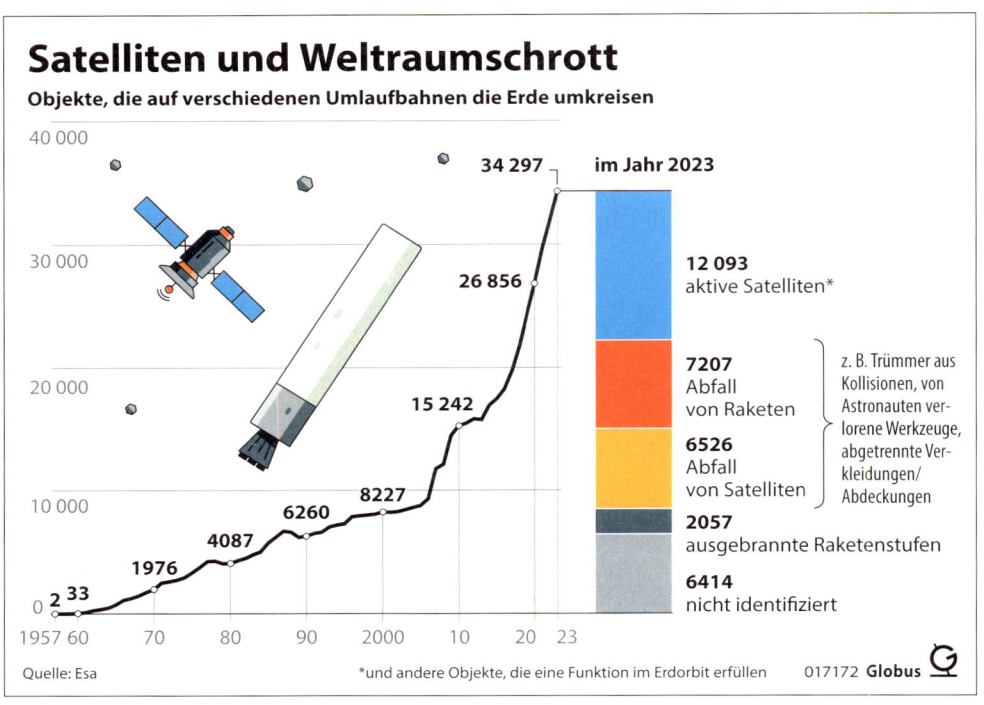

Satelliten und Weltraumschrott

Objekte, die auf verschiedenen Umlaufbahnen die Erde umkreisen

- 34 297 im Jahr 2023
- 26 856
- 15 242
- 8227
- 6260
- 4087
- 1976
- 2 33

12 093
aktive Satelliten*

7207
Abfall
von Raketen

6526
Abfall
von Satelliten

2057
ausgebrannte Raketenstufen

6414
nicht identifiziert

z. B. Trümmer aus Kollisionen, von Astronauten verlorene Werkzeuge, abgetrennte Verkleidungen/ Abdeckungen

1957 60   70   80   90   2000   10   20   23

Quelle: Esa   *und andere Objekte, die eine Funktion im Erdorbit erfüllen   017172 **Globus**

_____

_____

d Formuliere in einem Satz, welche Aussagen im Text durch diese Grafik veranschaulicht und unterstützt werden.

_____

_____

e Betrachte das Foto (S. 14) und beschreibe, welche Aussage im Text dadurch veranschaulicht und unterstützt wird.

_____

_____

f Bestimme, ob es sich um einen informierenden, einen wertenden oder einen appellierenden Text handelt. Begründe deine Aussagen.

_____

_____

_____

_____

Oft werden Sachtexte zur eigenen **Meinungsbildung** herangezogen, d. h., man muss den Standpunkt der Autorin / des Autors zum Thema erfassen. Dieser kann folgendermaßen zum Ausdruck gebracht werden:
- **direkte Formulierungen:** durch konkrete Aussagen, z. B.: *Einfach wird das nicht. Gut/Schlecht wäre, wenn … Meiner Meinung nach … Ich finde/meine/denke, …*
- **indirekte Formulierungen:** durch wertende Adjektive, Verben oder Nomen bzw. durch unpersönliche wertende Wendungen, z. B.: *Da kann man sich nur wundern! Das kann doch nicht wahr sein!*

3 Untersuche einen weiteren Text zum Thema Weltraumtourismus.

a Lies den folgenden Text.

Weltraum-Tourismus: Spaß und Forschung oder Klima-Horror?

New York. Erster kann Jeff Bezos schon nicht mehr werden. Kurz nachdem der Amazon-Gründer mit viel Fanfare einen Ausflug ins All angekündigt hatte, drängelte sich ein anderer Milliardär dazwischen. Rund zehn Tage vor dem für Dienstag (20. Juli) angekündigten All-Kurztrip von Bezos flog der Brite Richard
5 Branson mit seinem Raumschiff „VSS Unity" in den Weltraum. „Ich war einmal ein Kind mit einem Traum, das zu den Sternen aufschaute. Jetzt bin ich ein Erwachsener in einem Raumschiff und schaue auf unsere schöne Erde", kommentierte Branson aus der Schwerelosigkeit.

Jetzt will Bezos nachziehen – aber das schlagzeilenträchtige Milliardärs-
10 Wettrennen rund um die Erfüllung eigener All-Träume und die lukrative Spitzenposition im Geschäft mit dem Weltraumtourismus bekommt starken Gegenwind von Kritikern, die egoistische Geldverschwendung ohne Rücksicht auf das Klima und weitgehend ohne wissenschaftliche Forschungsinteressen anmahnen.

15 Neben Bezos sollen in der Kapsel mit den „größten Fenstern im Weltraum" sein Bruder Mark, eine 82-jährige Ex-Pilotin und ein 18-Jähriger, dessen Vater ihm den Flug geschenkt hat, Platz nehmen. Die 82-jährige Wally Funk wäre der älteste Mensch, der je ins All geflogen ist – der 18-jährige Oliver Daemen der jüngste. Daemens Vater, der niederländische Investment-Banker Joes Daemen, hatte bei
20 der Auktion für den vierten Platz an Bord der „New Shepard" im Juni mitgemacht, war aber überboten worden. Der Sieger der Auktion, der 28 Millionen Dollar geboten hatte und zunächst weiter anonym bleiben wollte, könne wegen eines „Terminkonflikts" diesmal nicht dabei sein und werde zu einem späteren Zeitpunkt starten, hieß es. Wieviel Geld Daemen nun für den Flug gezahlt hat, wurde
25 zunächst nicht mitgeteilt.

Nach dem Start soll das Raumschiff „New Shepard" innerhalb von zwei Minuten auf mehr als 3700 Kilometer pro Stunde beschleunigen. Nach drei Minuten soll die Schwerelosigkeit einsetzen, bevor die dann abgetrennte Kapsel ihren höchsten Punkt in mehr als 100 Kilometern Höhe über der Erde erreicht. Danach soll sie
30 wieder in die Erdatmosphäre eintreten und durch große Fallschirme abgebremst in der texanischen Wüste landen. Insgesamt soll der Trip rund zehn Minuten dauern.

Aber trotz großer Hoffnungen und Erwartungen kam bislang nicht so richtig Schwung in die All-Ausflüge. Entwicklung und Durchführung einer Raumfahrt-Mission sind mit großen Sicherheitsrisiken verbunden und extrem teuer, sodass sie

35 bislang nur ausgebildeten Professionellen und – top fitten – Superreichen vorbehalten schienen. Das wollen unter anderem Branson, Bezos und auch ein weiterer Milliardär, SpaceX-Gründer Elon Musk, nun ändern. Die
40 deutlich günstigeren Kurzausflüge von Blue Origin und Virgin Galactic könnten dabei sogar eine Art Massentourismus möglich machen.

Aber die Kritik wächst. „Dass Milliardäre ins All fliegen, ist kein Zeichen von Fortschritt",
45 schrieb der frühere US-Arbeitsminister Robert Reich per Kurznachrichtendienst Twitter. „Es ist ein Zeichen von grotesker Ungerechtigkeit, die es einigen wenigen erlaubt, die Erde zu verlassen, während der Rest der Menschheit leidet." Der Chef des
50 Welternährungsprogramms der Vereinten Nationen, David Beasley, rief Branson und Bezos auf, sich neben ihren Weltraum-Abenteuern auch für die Hunger leidenden Menschen auf der Erde einzusetzen.*

Quelle: Redaktionsnetzwerk Deutschland(RND) /dpa (18.07.2021). Online unter: https://www.rnd.de/reise/weltraum-tourismus-spass-und-forschung-oder-klima-horror-XRUVNVX3W7EVNQNBPCBR5PVSEQ.html [Abruf: 10.10.2024].

b Untersuche den Text genau und bestimme die Textfunktion. Welche Intention verfolgt der Autor mit dem Text?

_____

c Markiere Textstellen, in denen der Autor Kritik an der privaten Weltraumfahrt direkt zum Ausdruck bringt.

d Der Text enthält auch einen Appell. Formuliere den Appell von David Beasley als direkte Aufforderung.

_____

_____

e Notiere Textstellen, in denen die Meinung des Autors indirekt zum Ausdruck kommt.

„schlagzeilenträchtiges Milliardärs-Wettrennen" (Z. 9–10), _____

_____

_____

_____

_____

Textbeschreibungen zu einem Sachtext verfassen

In einer **Textbeschreibung** werden Ergebnisse der Analyse eines Textes zusammenhängend dargestellt, deshalb muss eine genaue Untersuchung des Textes vorangehen. Die Textbeschreibung sollte folgende Bestandteile aufweisen:

Einleitung: Titel, Autorin/Autor, ggf. Herausgeberin/Herausgeber, Thema, Quelle,

Hauptteil:
- Aussagen zum Aufbau des Textes, z. B.: äußerlich erkennbare Gliederung (Textbestandteile, Funktion und Anordnung),
- Aussagen zum Inhalt des Textes, z. B.: Thema, Standpunkt der Autorin / des Autors, Hauptaussage, Thesen, Argumente,
- Aussagen zur Wirkungsabsicht, zum Adressatenbezug, zur Textfunktion,
- Aussagen zu sprachlichen Besonderheiten,

Schluss: Bewertung von Inhalt und Darstellungsweise des Textes (z. B. hinsichtlich Schlüssigkeit, Sorgfalt, Verständlichkeit), ggf. eigene Meinung zum Dargestellten.

1 Bereite eine Textbeschreibung zum Text „Der hohe Preis des Weltraumtourismus" aus Aufgabe 1 (S. 13) vor. Schreibe ins Heft.

a Ermittle, wer den Text verfasst hat und wann und wo er erschienen ist.

b Nenne die Bauteile des Textes.

c Nenne die Funktion des Textes bzw. die Intention des Autors.

Tipp
Nutze deine Ergebnisse aus den Aufgaben 1 und 2 (S. 13–16).

d Untersuche die Gliederung des Fließtextes. Nummeriere die Abschnitte und notiere die wichtigsten Aussagen zu jedem Abschnitt stichpunktartig.

e Fasse die Hauptaussagen des Fließtextes in ein bis zwei Sätzen zusammen.

f Untersuche den Titel des Textes. Erläutere die doppelte Bedeutung des Titels mithilfe von Textstellen.

g Untersuche die Sprache des Fließtextes und deren Wirkung. Notiere Beispiele aus dem Text.

h Fasse die Aussagen der Grafik und des Fotos zusammen. Formuliere, in welcher Beziehung sie zum Fließtext stehen.

i Sammle Aussagen für den Schlussteil. Orientiere dich am Merkkasten.

2 Verfasse eine Textbeschreibung zum Text auf Seite 13.

a Schreibe zunächst einen Entwurf der Textbeschreibung in dein Heft. Gliedere den Text sichtbar in Einleitung, Hauptteil und Schluss. Lass einen Rand für Korrekturen.

b Überarbeite deinen Entwurf. Achte auch auf sprachliche Korrektheit.

c Schreibe nun die Endfassung deiner Textbeschreibung in dein Heft.

1g Achte besonders auf sprachliche (stilistische) Mittel:
Metaphern, Redewendungen, anschauliche Adjektive, Fachwörter, rhetorische Fragen, Satzbau (Satzarten, Satzgliedstellung).

1 Erschließe folgenden Sachtext.

a Verschaffe dir durch überfliegendes Lesen einen Überblick über den Textinhalt.

Internationale Raumstation

Musk soll ISS abstürzen lassen – Bauteile werden wohl auf die Erde fallen

Die US-Behörde NASA hat Elon Musk den Auftrag erteilt, die Internationale Raumstation kontrolliert abstürzen zu lassen. SpaceX soll das „Deorbit-Raumschiff" entwickeln, das die riesige ISS erst bremsen und dann verglühen
5 lassen soll. Alles muss funktionieren.

Es ist der risikoreichste Auftrag, den die NASA zu vergeben hat: Die Internationale Raumstation ISS soll in sechs Jahren kontrolliert auf die Erde stürzen und der erwartete Trümmerregen hoffentlich im Südpazifik niederprasseln.

Dieses Schlüsselprojekt hat die US-Weltraumbehörde jetzt an das private US-
10 Raumfahrtunternehmen SpaceX des Milliardärs Elon Musk vergeben. Entwickelt werden soll ein Absturz-Vehikel, das die ISS 2030 aus dem Orbit holt. Die Kosten werden mit 843 Millionen Dollar beziffert.

Noch nie trat ein von Menschen gebautes Objekt von der Größe der ISS in die Erdatmosphäre ein. Die Raumstation hat in etwa die Abmessungen eines
15 Fußballfelds und ist 450 Tonnen schwer. Seit 2000 ist die Internationale Raumstation permanent von Menschen bewohnt und umkreist in etwa 400 Kilometern Höhe die Erde.

Seit Längerem gibt es daher bei der NASA Vorbereitungen, wie die ISS mit ihren Modulen und Komponenten aus den USA, Russland, Europa, Japan und Kanada
20 am Ende ihrer Einsatzzeit aus dem All geholt werden kann. Dazu soll ein unbemanntes Raumschiff angekoppelt werden. Dessen Triebwerke sollen dann die Fluggeschwindigkeit der ISS im Weltall stark abbremsen, sodass sie in dichtere Schichten der Atmosphäre eintritt.

„Die Gefährdung von bewohnten Gebieten soll vermieden werden", heißt es in
25 dem Auftrag an SpaceX. Musks Unternehmen soll das sogenannte De-Orbit-Raumschiff entwickeln und die US-Raumfahrtbehörde wird es dann während der Mission betreiben.*

Quelle: Gerhard Hegmann (02.07.2024), Online unter: https://www.welt.de/ wirtschaft/article252234712/Musk-soll-ISS-abstuerzen-lassen-Bauteile-werden-wohl-auf-die-Erde-fallen.html [Abruf: 10.10.2024].

b Notiere in einem Satz, welches Thema im Text angesprochen wird.

In diesem Text _____

_____

_____

2 Erschließe den Inhalt des Textes genau. Lies den Text mehrfach und beantworte folgende Fragen. Notiere die Antworten jeweils stichpunktartig.

Tipp
Lies zuerst alle fünf Fragen.

1 Welche Länder waren am Bau der ISS beteiligt?

_____

2 Welche weiteren Informationen erhalten die Lesenden über die ISS?

_____

_____

3 Wie lautete der Auftrag der US-Behörde NASA genau? Wie soll der Vorgang im Einzelnen gestaltet werden?

_____

_____

_____

_____

_____

4 Welches Risiko bringt der Auftrag sich bringt?

_____

_____

5 Weshalb soll die ISS zerstört werden? Belege deine Aussagen mit einem Textbeispiel.

_____

_____

3 Bestimme die Textfunktion. Welche Intention hat der Autor? Kreuze an.

Der Autor möchte mit seinem Artikel:

☐ appellieren

☐ werten

☐ informieren

Ein Bewerbungsschreiben verfassen

1 Kreuze an, welchen Weg du nach der 10. Klasse gehen möchtest. Begründe.

☐ Ich werde eine Berufsausbildung beginnen,

☐ Ich werde ein FSJ oder ein FÖJ machen,

☐ Ich werde eine weiterführende Schule besuchen,

☐ Ich habe mich noch nicht entschieden,

weil

_____

_____

2 Es gibt zahlreiche Ausbildungsberufe in verschiedenen Berufsfeldern.

a Nenne deinen Wunschberuf und gib an, zu welchem Berufsfeld er gehört.

Mein Wunschberuf ist: _____

Er gehört zum Berufsfeld: _____

Tipp
Recherchiere das Berufsfeld, falls es dir unbekannt ist, z.B. auf der Seite *https://www. arbeitsagentur.de/ bildung/ausbildung/ erkunde-die-berufs-felder.*

b Recherchiere Informationen zu deinem Wunschberuf. Schreibe auf, welche Fähigkeiten du dafür mitbringen musst. Notiere Stichpunkte.

_____

_____

_____

c In welchen Schulfächern hast du Dinge gelernt und Kompetenzen erworben, die für deinen Wunschberuf wichtig sind? Notiere sie.

_____

d Überlege, welche Kompetenzen du gegebenenfalls noch erwerben bzw. ausbauen musst, um in deinem Wunschberuf erfolgreich zu sein.

_____

_____

e Recherchiere weitere Berufe in dem Berufsfeld, zu dem dein Wunschberuf gehört. Schreibe auf, welcher andere Beruf auch zu dir passen könnte.

_____

Tipp
Falls es mit dem
Wunschberuf nicht
klappt, solltest du
eine Alternative
haben.

3 Denke über berufliche Alternativen nach.

a Notiere, in welchen anderen Berufsfeldern du dich wiederfinden könntest.

_____

_____

b Wähle ein Berufsfeld aus und recherchiere, welche Berufe es in diesem gibt. Notiere, welcher dieser Berufe für dich in Frage kommen könnte.

_____

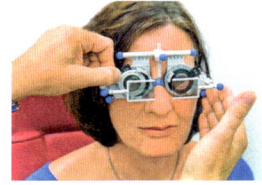

c Überlege, welche Kompetenzen für diesen (alternativen) Beruf nötig wären, und notiere sie.

_____

4 Wähle einen Beruf aus und bereite eine Bewerbung vor.

a Wiederhole mithilfe des Merkkastens, was zu einer Bewerbung gehört.

> Zu einer schriftlichen **Bewerbung** gehören ein **Bewerbungsschreiben** und ein tabellarischer **Lebenslauf**. Als Anlagen sind meist das letzte oder die beiden letzten Zeugnisse erwünscht, ggf. sollten Praktikumsnachweise und Zertifikate über erworbene Kompetenzen ergänzt werden.
>
> Das **Bewerbungsschreiben** wird wie ein offizieller Brief gestaltet und enthält Folgendes: Bewerbungssatz, Vorstellung der eigenen Person (Schule, Klasse, angestrebter Schulabschluss, besondere Fähigkeiten und ggf. praktischen Erfahrungen), Gründe für die Bewerbung, Bitte um ein persönliches Gespräch, persönliche bzw. digitale Unterschrift.
>
> Der tabellarische **Lebenslauf** enthält in kurzer, übersichtlicher Form alle persönlichen Angaben und Informationen: Name, Adresse, Telefonnummer, E-Mail-Adresse, Geburtsdatum, Schulbesuche, besondere Kenntnisse und Interessen. Ein Passfoto und Angaben zur Familie sind freiwillig.

b Verfasse ein Bewerbungsschreiben mithilfe der Vorlage von S. 24. Beziehe dich auf ein geeignetes Ausbildungsangebot oder denke dir ein Angebot, einen Betrieb und eine Ansprechperson aus. Folgende Formulierungen helfen dir:

_Hiermit bewerbe ich mich um … / Mit großem Interesse habe ich Ihre Anzeige …
gelesen und sende Ihnen deshalb …
Zurzeit / Derzeit besuche ich die 10. Klasse der … Schule in …, die ich im Juli …
mit der Mittleren Reife beenden werde.
Während eines zweiwöchigen Betriebspraktikums konnte ich … gewinnen. /
In meinem Betriebspraktikum konnte ich zeigen, dass ich …
Ich bewerbe mich bei Ihnen, weil … / Weil ich mich schon immer sehr für …
interessiere, bewerbe ich mich …
Über eine Einladung zu einem persönlichen Gespräch / einem
Vorstellungsgespräch würde ich … / Gerne würde ich mich persönlich … vorstellen._

Ort, Datum

_____   _____

Absender/-in:
Name, Adresse,
Telefonnummer,
E-Mail-Adresse

_____

_____

_____

Adresse:
Ansprechperson,
Betrieb, Straße,
Hausnummer,
PLZ Ort

Frau/Herrn

_____

_____

_____

_____ _____

Betreffzeile

Bewerbung um einen Ausbildungsplatz zur/zum _____

persönlich Anrede
oder: Sehr geehrte
Damen und Herren

_____ ,

Bewerbungssatz

_____

_____

_____

eigene Vorstellung

_____

_____

_____

_____

Bewerbungsgründe

_____

_____

_____

_____

Bitte um Gespräch

_____

_____

_____

Grußformel

Mit freundlichen Grüßen

persönliche
Unterschrift

_____

Anlagen

_____

Mitteilungen verfassen und Formulare ausfüllen

1 Viele Betriebe bitten um eine Bewerbung per E-Mail. Dann sendet man die Bewerbungsunterlagen in der Regel als Anhang. In der Mail selbst formuliert man eine kurze Mitteilung.

a Fülle dazu alle wichtigen Felder des folgenden E-Mail-Formulars aus.

An: _____

Kopie: _____

Betreff: _____

Von: _____

Sehr geehrte _____ ,

im _____ sende ich Ihnen meine vollständigen

_____ für den oben genannten

Ausbildungsplatz zu.

Mit _____

_____

Anlagen:

_____

b Du hast von der Firma eine Rückmeldung bekommen. Lies die Mail und beantworte sie. Bedanke dich für die Einladung und bestätige dein Kommen. Schreibe ins Heft.

An: _____

Kopie: _____

Betreff: Ihre Bewerbung vom 08.01.20..

Von: _____

Liebe Frau … / Lieber Herr …,

vielen Dank für Ihre Bewerbung um …, die unser Interesse geweckt hat. Wir laden Sie deshalb zu einem Vorstellungsgespräch ein. Das Gespräch findet am 2. Dezember um 15:00 Uhr in unserem Hauptgebäude (Musterplatz 7), Raum 004 statt. Wir freuen uns darauf, Sie näher kennen zu lernen, und bitten um Bestätigung des Termins.

Mit freundlichen Grüßen
Dorothea Musterfrau

2 Wer finanzielle Unterstützung für seine Ausbildung benötigt, kann einen BAföG-Antrag stellen. Fülle den Ausschnitt des Formulars aus. Es gibt Felder, die du nicht ausfüllen kannst.

Stand 2022

Förderungsnummer (falls vorhanden)

01 – Antrag auf Ausbildungsförderung
nach dem Bundesausbildungsförderungsgesetz (BAföG)

WICHTIGE HINWEISE

Bitte füllen Sie diesen Antrag sorgfältig in Druckschrift aus und kreuzen Sie Zutreffendes an. ➔

Sie sind nach § 60 Erstes Buch Sozialgesetzbuch (SGB I) verpflichtet, alle Tatsachen anzugeben, die für die Sachaufklärung erforderlich sind, und die verlangten Nachweise vorzulegen. ➔

Ihre Angaben sind gemäß den Vorschriften des Bundesausbildungsförderungsgesetzes (BAföG) für die Entscheidung über den Antrag notwendig.

Hinweise zu Ihren datenschutzrechtlichen Informationsrechten nach Art. 13 Datenschutz-Grundverordnung (DSGVO) erhalten Sie beim Amt für Ausbildungsförderung oder unter https://www.bafög.de/hinweis.

1 ✚ AUSBILDUNG

Ich beantrage Ausbildungsförderung für den Besuch der/des

Ausbildungsstätte und Ausbildungsort ➔

Klasse/Fachrichtung

angestrebter Abschluss

Es handelt sich um eine Vollzeitausbildung ➔ ☐ ja ☐ nein

Ich habe bereits früher einen BAföG-Antrag gestellt ☐ ja ☐ nein

bisheriges Amt für Ausbildungsförderung   bisherige Förderungsnummer

ANGABEN ZU MEINER PERSON

Name

Vorname   Geburtsname

Geburtsort   ☐ weiblich ☐ männlich ☐ divers

Geburtsdatum   Familienstand ➔   Nur bei Änderung gegenüber der letzten Erklärung   seit

2 ✚
eigene Staatsangehörigkeit   Staatsangehörigkeit Ehegatte/eingetr. Lebenspartner

Ich habe eigene Kinder ➔   ☐ ja

ANSCHRIFT AM STÄNDIGEN WOHNSITZ

Straße   Hausnummer   Adresszusatz

Land ➔   Postleitzahl   Ort

ANSCHRIFT WÄHREND DER AUSBILDUNG ➔

3 ✚
Ich wohne während der Ausbildung, für die ich hier Ausbildungsförderung beantrage, mit meinen Eltern / einem Elternteil in häuslicher Gemeinschaft ☐ ja ☐ nein

Wenn nein: Mein Wohnraum steht im Eigentum/Miteigentum meiner Eltern / eines Elternteils ☐ ja ☐ nein

➔ Straße   Hausnummer   Adresszusatz

Land ➔   Postleitzahl   Ort

auszubildende Person

BANKVERBINDUNG

IBAN →

Name des Geldinstituts

Sofern dies nicht Ihr eigenes Konto ist: Name, Vorname des Kontoinhabers / der Kontoinhaberin

4 ✚

KRANKEN- UND PFLEGEVERSICHERUNG

5 ✚ Krankenversicherung: Ich bin während der Ausbildung

☐ gesetzlich familien-
versichert

☐ studentisch gesetz-
lich versichert

☐ privat versichert

☐ freiwillig gesetzlich
versichert

☐ anders versichert →

6 ✚ Pflegeversicherung: Ich bin während der Ausbildung selbst beitragspflichtig pflege-versichert

☐ ja   ☐ nein

Steueridentifikationsnummer →

MEINE LEIBLICHEN ELTERN ODER ADOPTIVELTERN

Name des 1. Elternteils →

Vorname

☐ weiblich   ☐ männlich   ☐ divers

Geburtsdatum   Sterbedatum   Staatsangehörigkeit

Straße   Hausnummer   Adresszusatz

Land →   Postleitzahl   Ort

Name des 2. Elternteils →

Vorname

☐ weiblich   ☐ männlich   ☐ divers

Geburtsdatum   Sterbedatum   Staatsangehörigkeit

Straße   Hausnummer   Adresszusatz

Land →   Postleitzahl   Ort

Meine Elternteile leben und sind miteinander verheiratet oder in eingetragener Lebenspartner-schaft verbunden

☐ ja

☐ ja, aber dauernd
getrennt lebend

☐ nein

MEINE KONTAKTDATEN

Telefon →

E-Mail →

Der Bescheid sowie sonstige Schreiben sollen übermittelt werden an

☐ mich (ständiger Wohnsitz)   ☐ mich (Wohnsitz am Ausbildungsort)

☐ meinen ersten Elternteil   ☐ meinen zweiten Elternteil

☐ meine/-n Sorgeberechtigte/-n   ☐ die von mir bevollmächtigte Person →

Epische Texte analysieren und interpretieren

Beim **Analysieren** und **Interpretieren literarischer Texte** muss man ihren Inhalt und ihre Form untersuchen, um daraus Aussagen und mögliche **Interpretationen** abzuleiten.

Dazu betrachtet man:
- die **Handlung**, indem man das zentrale Thema bzw. das zu lösende Problem und die Handlungsschritte zur Lösung des Problems, Handlungsorte und Handlungszeiten ermittelt,
- die **Figuren**, indem man äußere Merkmale (Gesamterscheinung, Einzelheiten, Besonderheiten) und innere Merkmale (Gedanken, Gefühle, Verhaltensweisen) ermittelt,
- die **Gestaltungsmittel**, also die Erzählperspektive, die zeitliche Gestaltung und die sprachlichen Mittel bestimmt.

1 Folgende Geschichte beginnt auf einem abgelegenen Flugplatz im heutigen Indonesien.

a Lies den folgenden Text.

Wolfgang Altendorf (1921 – 2007)

Der unerwünschte Passagier

Da stand auf einem der neuen Flugplätze in Holländisch-Ostindien* ein junger Mann mit einem Flugbillett nach Amsterdam in der Tasche. Schwer genug war es ihm geworden, sich das nötige Geld für dieses Billett zu verschaffen. Aber er hatte Heimweh. Für ihn gab es nur zwei Möglichkeiten: krepieren oder heimkehren.

5 Ein seltsamer Fluggast war dieser junge Mann. Er trug ein kleines Köfferchen bei

sich, das schlimm genug aussah. Anderes Gepäck hatte er nicht. Die Kleidung – na ja –, jedenfalls stach er erheblich von den übrigen zwanzig Passagieren ab, die mit
10 der „Rotterdam" nach Europa zurückwollten. Aber er hatte mit guten, echten Gulden* bezahlt. Der junge Mann frühstückte nicht im Restaurant des Flugplatzes. Wahrscheinlich schämte er
15 sich und wollte den feinen Fluggästen durch sein heruntergekommenes Äußeres den Appetit nicht verderben. Oder aber er besaß keinen Gulden mehr, um sich den Luxus eines Frühstücks zu leisten.
20 In der Flugkantine aßen die sechs Besatzungsmitglieder der „Rotterdam". Sie hatten sich die gewohnten „blutigen" Steaks – auf englische Art, bitte! –
bestellt und entwickelten trotz der brütenden Hitze einen gesunden Appetit. Dann
25 tönte der Lautsprecher: „Flug Nummer 264 nach Amsterdam! Die Passagiere werden gebeten, die Plätze einzunehmen."
Unten winkten die blitzenden Schaumkämme des Ozeans. Die Stewardess reichte Erfrischungen. Etwa in der Mitte des Rumpfes […] hatte der junge Mann einen

Fensterplatz. [...] Man empfand Unbehagen bei seinem Anblick, weil er so
30 ausgemergelt, so ausgehungert aussah.
Aber der junge Mann war glücklich. Zum ersten Mal seit Jahren fühlte er sich
wohl. [...] Er fühlte sich gewissermaßen in seinem Element, hatte er doch während
des letzten Krieges einen schweren Bomber geflogen. Und das war wohl auch die
Wurzel seines ganzen Elends: Da war er einmal von der Erde losgekommen, hatte
35 sein Leben der Luft geweiht, dem Fliegen, dieser Freiheit des Herzens, von der man
immer wieder träumt, die einen nicht loslässt, wenn man sie einmal erobert hat.
Das Schicksal aber hatte ihm die Flügel verbrannt. Er war abgestürzt, haftete auf
dieser erbärmlichen Erde, ohne Kraft, wieder von ihr loszukommen.
Die Rotterdam flog etwa eine Stunde auf Kurs, unter ihr die weite Fläche des
40 Wassers, über ihr der blaue, am Horizont dunstige Himmel.
Die Passagiere merkten zunächst nichts. Der erste Pilot musste das Steuer
frühzeitig an die Ablösung übergeben, weil er eine Übelkeit verspürte, die sich
rasch verschlimmerte. Und schon stellte sich heraus, dass die beiden Funker, vom
gleichen Übel befallen, sich in Krämpfen wanden – und danach die beiden
45 Mechaniker. Der Steward brach im Passagierraum zusammen. Der junge Mann
hob ihn auf und trug ihn mit Hilfe der Stewardess nach hinten. [...]
Sie flüsterte dem jungen Mann zu, dass auch der zweite Pilot mit der Übelkeit
kämpfte – da sei doch alles verloren! Der junge Mann spürte, wie die Maschine
schwankte und seitlich abglitt. Er durchstürmte den Raum. Die Passagiere raunten.
50 Besorgnis, Angst, Verwirrung zeichnete sich auf den Gesichtern. Er lief durch den
Gang in den Pilotenstand, in dem der Flugzeugführer, dicke Schweißtropfen auf
der Stirne, nur noch mühsam das Steuer hielt. Der junge Mann drückte den
Kranken vom Sitz, fasste mit beiden Händen den Knüppel und kontrollierte mit
raschem Blick die Armaturen. Er fühlte beglückt, wie die schwere Maschine seinem
55 Willen gehorchte. Er lauschte auf das Summen der Motoren, setzte sich fest in die
Maschine hinein und verband Herz und Seele mit ihr.
Die Stewardess, die ihm gefolgt war, starrte ihn an. Sah sie Gespenster? Ein
abgerissener, junger Passagier steuerte die blinkende, luxuriös ausgestattete
Maschine! Da blickte er sie an, lächelte und nickte mit dem Kopf nach rückwärts.
60 Sie verstand.
Mit bezwingendem Lächeln trat sie zwischen die Passagiere, erklärte kurz, was
vorgefallen war, dass die Maschine aber nun in sicheren Händen eines erfahrenen
Kriegsfliegers liege und dass man den nächsten Flugplatz anfliegen werde. Man
bestürmte sie mit Fragen, wollte wissen, wer der seltsame junge Mann sei, und wie
65 es doch wunderbar sei, dass man gerade ihm, der eigentlich in solcher Gesellschaft
nichts verloren habe, das Leben verdanke. [...]
Der junge Mann vorne am Steuer mühte sich mit der Aufgabe, diese gigantische
Maschine allein und nur nach dem Gefühl zu fliegen. Er fühlte sich grenzenlos
einsam, und die Verantwortung, die er übernommen hatte, lastete schwer.
70 Dennoch gelang die Landung, etwa eine Stunde später, auf einem ihm
unbekannten Flugplatz. [...] Die ärztliche Untersuchung ergab bei allen erkrankten
Besatzungsmitgliedern eine Fleischvergiftung, wovor die Stewardess nur deshalb
bewahrt geblieben war, weil sie englische Steaks verabscheute.
Der fremde junge Mann aber wurde von den Flugpassagieren dankbar gefeiert.
75 Die Flugleitung bot ihm sofort eine feste Anstellung. Das Gesicht des jungen
Piloten sah plötzlich nicht mehr ausgemergelt und verhungert aus, obwohl er noch
keinen Bissen hinuntergebracht hatte. Auf dem Bett des Flugleiters war er
erschöpft eingeschlafen.*

b Wie wirkt die Geschichte auf dich? Notiere deine ersten Gedanken nach dem Lesen.

_____

_____

2 Analysiere und interpretiere den Text.

a Entnimm dem Text, an welchen Orten die Handlung spielt. Ergänze jeweils die Textstelle/-n.

1 _____ (Z. _____)

2 _____ (Z. _____)

3 _____ (Z. _____)

b Während des Fluges tritt ein Problem auf. Erläutere das Problem und wie es gelöst wird.

_____

_____

_____

Tipp
Sie haben keine Namen.

c Welche Figuren kommen in der Geschichte vor? Notiere sie.

_____

_____

_____

d Untersuche die Hauptfigur genauer. Markiere alle Textstellen, die etwas über die inneren und äußeren Merkmale des jungen Mannes aussagen. Notiere die Merkmale in ganzen Sätzen.

_____

_____

_____

_____

_____

3 Untersuche die Erzählperspektive in der Geschichte von Aufgabe 1.

> Zur Ermittlung der **Erzählperspektive** untersucht man die Sicht, aus der erzählt wird (Wer spricht? Wessen Erzählstimme hört man?), und welche Wirkung davon ausgeht. Man unterscheidet folgende Erzählperspektiven (Erzählstimmen):
> - **Ich-Erzählerin / Ich-Erzähler:** am Geschehen beteiligt, erzählt aus ihrer bzw. seiner Sicht,
> - **Sie-Erzählerin / Er-Erzähler:** erzählt von außen beobachtend, kann als Figur beteiligt sein,
> - **auktoriale Erzählerin / auktorialer Erzähler:** erzählt allwissend, kommentiert bzw. bewertet (kennt Vorgeschichte, Handlungsverlauf, Gedanken, Gefühle der Figuren u.Ä., auch allwissendes/auktoriales Erzählen genannt).

a Bestimme die Erzählperspektive. Notiere, aus wessen Sicht erzählt wird.

_____

b Beschreibe die Wirkung dieser Erzählweise. Formuliere ein bis zwei Sätze.

_____

_____

4 Untersuche die Zeitgestaltung in der Geschichte.

> Zur Untersuchung der **Zeitgestaltung** betrachtet man die **zeitliche Abfolge** der Handlung (Rückblende, Vorausdeutung) und die **Erzählgeschwindigkeit** (Zeitraffung, Zeitdehnung). Wenn die Erzählzeit (Zeit zum Erzählen/Lesen der Geschichte) länger ist als die erzählte Zeit (Zeit, die in der Geschichte vergeht), spricht man von einer **Zeitdehnung**. Ist die Erzählzeit kürzer als die erzählte Zeit, handelt es sich um eine **Zeitraffung**.

a Die Vergangenheit der Hauptfigur wird im Text angesprochen (Rückblende) und auch seine Zukunft (Vorausschau). Ermittle die Textstellen und notiere die entsprechenden Zeilen.

Rückblende: Z. _____   _Vorausschau: Z._ _____

b Die Rückblende beschreibt die Kriegserlebnisse des jungen Mannes. Beschreibe die mögliche Wirkung auf die Leserschaft.

_____

_____

_____

_____

5 Untersuche die sprachliche Gestaltung der Geschichte in Aufgabe 1.

> Autoren und Autorinnen verwenden **sprachliche (stilistische) Mittel**, um ihre
> Geschichten anschaulich und ansprechend zu gestalten, z. B. durch:
> - bildhafte Vergleiche *(kalt wie Eis)*,
> - Metaphern *(ein Blumenmeer)*,
> - Personifizierungen *(Freude ergriff von ihm Besitz)*,
> - abwechslungsreiche, genaue Bezeichnungen, z. B. treffende Adjektive und
>   Verben, oft Synonyme *(hastig, eilig, schnell / laufen, schlendern, schlurfen)*.

a Suche in der Geschichte nach sprachlichen Mitteln. Lies die Einträge in der Tabelle
und ergänze sie.

Beispiel aus dem Text	sprachliches (stilistisches) Mittel
„krepieren" (Zeile 4)	drastische, emotionale Wortwahl (lautmalend)
„dem Fliegen, dieser Freiheit des Herzens" (Zeile 35)	

b Überlege, welche Wirkung von diesen sprachlichen (stilistischen) Mitteln ausgeht.
Formuliere deine Einschätzung in zwei Sätzen.

6 Verfasse eine schriftliche Interpretation der Geschichte aus Aufgabe 1.

a Wiederhole mithilfe des Merkkastens, was dabei zu beachten ist.

> Ziel einer **Textinterpretation** ist es, mögliche Aussagen eines Textes heraus-
> zuarbeiten, zu deuten (interpretieren) und durch Textstellen (Zitate) zu belegen.
> Textinterpretationen schreibt man im Präsens, folgende Bestandteile sind nötig:
> **Einleitung:**
> • Name der Autorin / des Autors, evtl. biografische Daten,
> • Textsorte, Titel, Thema sowie erster Eindruck vom Text,
> **Hauptteil:**
> • kurze Inhaltsangabe,
> • Interpretationshypothese(n)* zum Gesamttext: zusammenfassende Annahme(n)
>   bzw. Deutung(en) zu zentralen Botschaften bzw. Aussagen,
> • Begründung der Interpretationshypothese(n) durch: Darstellung und Deutung
>   von Besonderheiten der Handlungs-, Orts-, Zeit- und Figurengestaltung, der
>   Erzählperspektive sowie der sprachlichen (stilistischen) Mittel,
> **Schluss:**
> • eigene Meinung zum Dargestellten, Bezug zum eigenen Leben.

* *die Interpretations-
hypothese: eine noch
unbelegte Annahme für die
Interpretation*

b Bestimme die Textsorte und entwirf die Einleitung deiner Interpretation. Orientiere
dich am Merkkasten. Schreibe ins Heft oder am Computer.

Tipp
Suche nach typi-
schen Merkmalen
für die Textsorte.

c Entwirf den Hauptteil deiner Interpretation. Schreibe zuerst eine kurze
Inhaltsangabe von maximal fünf Sätzen.

d Formuliere nun deine Interpretationshypothese zum Gesamttext, begründe sie und
belege sie mit mindestens einer Textstelle.

e Finde mindestens zwei weitere Textstellen, die deine Interpretationshypothese
unterstützen, und ergänze deinen Hauptteil.

f Nenne Besonderheiten der Gestaltung der Hauptfigur, die für die Wirkung der
Geschichte wichtig sind.

g Nenne Besonderheiten der Erzählperspektive und Zeitgestaltung. Beschreibe die
Wirkung, die deiner Meinung nach davon ausgeht.

h Nenne einige sprachliche (stilistische) Gestaltungsmittel und beschreibe jeweils die
Wirkung, die deiner Meinung nach für die Geschichte wichtig ist.

i Schreibe nun den Schluss deiner Interpretation.

j Überarbeite deine Interpretation mehrfach. Prüfe

☐ die Vollständigkeit von Einleitung, Hauptteil und Schluss,
☐ die Plausibilität (Nachvollziehbarkeit) deiner Interpretationen,
☐ die Auswahl deiner Belege,
☐ die Korrektheit deiner Zitate, einschließlich Zeichensetzung,
☐ die grammatische und orthografische Korrektheit deines Textes.

k Erstelle die Endfassung deiner Interpretation.

6d Du kannst auch folgende Interpretationshypothese (mit Textstelle) übernehmen:
*Der junge Mann befindet sich offensichtlich in einer langjährigen Lebenskrise, doch durch einen unerwarteten
Umstand und beherztes Handeln nimmt sein Leben eine Wende. Dies zeigt sich z. B. in folgenden Textstellen:
„Das Schicksal aber hatte ihm die Flügel verbrannt. Er war abgestürzt, haftete auf dieser erbärmlichen Erde,
ohne Kraft, wieder von ihr loszukommen" (Z. 37–38).
„Das Gesicht des jungen Piloten sah plötzlich nicht mehr ausgemergelt und verhungert aus […]" (Z. 75–76).*

Eindrücke wiedergeben – Schildern

Beim **Wiedergeben von Eindrücken (Schildern)** stellt man die Wahrnehmungen, Gedanken, Gefühle und Einstellungen von Personen oder Figuren ausführlich und anschaulich dar. Das Schildern von Sinneswahrnehmungen (beim Hören, Sehen, Riechen, Schmecken, Tasten) trägt dazu bei, eine Erzählung oder Beschreibung zu beleben, z. B.: *Eisiges Wasser zwickt und beißt in unsere müden Füße.*

Eine Schilderung untersuchen

1 Schilderungen finden sich häufig in Reiseerzählungen und -beschreibungen, z. B. in Heinrich Heines Werk „Die Harzreise" (1824).

a Lies den folgenden Textausschnitt, in dem Heine seinen Aufstieg auf den Brocken schildert.

[...] Allerliebst schossen die goldenen Sonnenlichter durch das dichte Tannengrün. Eine natürliche Treppe bildeten die Baumwurzeln. Überall
5 schwellende Moosbänke; denn die Steine sind fußhoch von den schönsten Moosarten, wie mit hellgrünen Sammetpolstern, bewachsen. Liebliche Kühle und träumerisches
10 Quellengemurmel. [...] Es murmelt und rauscht so wunderbar, die Vögel singen abgebrochene Sehnsuchtslaute, die Bäume flüstern wie mit tausend Mädchenzungen, wie mit tausend
15 Mädchenaugen schauen uns an die seltsamen Bergblumen, sie strecken nach uns aus die wundersam breiten, drollig gezackten Blätter, spielend flimmern hin und her die lustigen Sonnenstrahlen, die sinnigen Kräutlein erzählen sich grüne Märchen, es ist alles wie verzaubert, es wird immer heimlicher und heimlicher, ein uralter Traum wird lebendig, die Geliebte
20 erscheint – ach, dass sie so schnell wieder verschwindet!*

b Notiere, welche Grundstimmung für dich von diesem Text ausgeht.

_____

_____

c Lies den Text noch einmal. Kreuze an, welche Sinneswahrnehmungen Heinrich Heine schildert. Markiere die Stellen im Text.

☐ Sehen   ☐ Schmecken   ☐ Riechen   ☐ Hören   ☐ Tasten

d Notiere, welche Gedanken dem Dichter während seiner Wanderung durch den Kopf gehen.

_____

_____

e Untersuche, welche sprachlichen (stilistischen) Mittel Heinrich Heine nutzt, um seine Eindrücke, Gedanken und Gefühle zum Ausdruck zu bringen. Übertrage die Tabelle in dein Heft und ergänze sie.

sprachliche (stilistische) Mittel	Textbeispiel	Aussage/Wirkung
Metapher	„grüne Märchen" (Z. 18)	Naturmärchen
Personifikation	...	...
Vergleich		
Wiederholung		
Interjektion/Ausruf		
Hyperbel (Übertreibung)		
anschauliche Adjektive		

Eine Schilderung verfassen

2 Verfasse eine eigene Schilderung.

a Entscheide, ob du Eindrücke von einem persönlichen Naturerlebnis oder zu dem abgebildeten Gemälde wiedergeben möchtest.

b Notiere zuerst stichpunktartig, z. B. in Form einer Mindmap oder eines Clusters, welche Eindrücke, Gedanken und Gefühle dir durch den Kopf gehen. Schreibe ins Heft.

Vincent van Gogh: "Sternennacht", 1889

Tipp
Nutze geeignete sprachliche (stilistische) Mittel.

c Sammle anschauliche Formulierungen, um folgende Empfindungen und Eindrücke wiederzugeben. Schreibe in dein Heft und ergänze Formulierungen zu eigenen Eindrücken, Gedanken und Gefühlen.

- *ein bedrückendes Gefühl (z. B. im dunklen Wald): Die Schatten schienen auf mich zuzukommen. ...*

- *Angst (z. B. sich zu verlaufen): ...*

- *Geborgenheit (z. B. in stiller Nacht): ...*

- *im Vordergrund ein Baum oder Busch: ähnelt einem lodernden Feuer, ...*

- *ungewöhnliche Darstellung von Sternen: ...*

d Ordne deine Notizen und schreibe einen Entwurf deiner Schilderung.

e Überarbeite deinen Entwurf. Überprüfe, ob du deine Eindrücke anschaulich wiedergegeben hast.

2 b Überlege z. B.:
Naturerlebnis: Woran erinnere ich mich? Welche Eindrücke / Gedanken / Gefühle hatte ich vom Ort / von der Zeit / von den Personen? Was sah / hörte / roch ich?
Gemälde: Was ist zu sehen, was fällt mir zuerst bzw. besonders auf? Welche Stimmung / Wirkung geht von dem Bild aus? Welche Eindrücke / Gedanken / Gefühle bewegen mich und wodurch werden sie hervorgerufen?

Lyrische Texte erschließen und gestalten

Lyrische Texte analysieren und interpretieren

> **Gedichte** sind lyrische Texte, die sich durch eine besondere Gestaltung von Inhalt, Sprache und Form auszeichnen. In einer **Gedichtanalyse** untersucht man den Inhalt und die Form des Textes, um daraus Aussagen und mögliche **Deutungen (Interpretationen)** abzuleiten.
> - Worum geht es **inhaltlich** in dem Gedicht? Was ist das **Thema**?
> - Welche **Stimmung** geht von dem Gedicht aus?
> - Wer ist das lyrische Ich (die lyrische Sprecherin bzw. der lyrische Sprecher)?
> - Wie ist das Gedicht formal und sprachlich gestaltet?
> - Was ist über die **Entstehungszeit** des Gedichtes und die **Biografie** der Dichterin bzw. des Dichters bekannt?

Ein Gedicht analysieren

1 Analysiere das folgende Gedicht.

a Lies das Gedicht oder lass es dir vorlesen.

Volker Braun (geb. 1939)

DAS WÜNSCHT ICH MIR: DAS BRETTERHAUS AM TEICH

Am Ufer Schilf, Gewisper aus vier Winden.
Ein Pfad von nackten Sohlen eingemuldet.
Rollbilder an der Wand. Die alten Schriften.
Die Luft ziehnd mit den Zehen, stillesitzend
5 Auf meiner Matte trink ich deinen Tee
Die Kinder tuschen Zeichen in der Weltsprache.
Das Jahr der Wandlungen hat erst begonnen.

b Notiere, welche Grundstimmung für dich von dem Gedicht ausgeht. Begründe deine erste Einschätzung.

_____

_____

_____

c Lies das Gedicht noch einmal. Untersuche genauer, was man über die Stimmung und Gedanken des lyrischen Ichs erfährt. Notiere deine Ergebnisse stichpunktartig.

_____

_____

_____

1b Du kannst z. B. aus folgenden Stimmungen auswählen:
wehmütig / sehnsuchtsvoll / erwartungsvoll / melancholisch / nachdenklich / verträumt / entspannt

d Überlege, was der Autor mit der letzten Verszeile gemeint haben könnte.
Notiere deine Vermutungen in Satzform.

_____

_____

_____

> Hinsichtlich der **Form und Sprache** analysiert man in Gedichten zum Beispiel:
> - Verse und Strophen, z. B. Anzahl, Gestaltung/Form, Zeilensprünge (Enjambement),
> - Reime, z. B. Paarreim (a a b b), Kreuzreim (a b a b), umarmender Reim (a b b a),
> - sprachliche (stilistische) Mittel wie:
>   - sprachliche Bilder, anschauliche Ausdrücke, z. B.: _blass schillerndes Grün_,
>   - Metaphern, z. B.: _ein Gedankennetz spinnen_,
>   - Vergleiche, z. B.: _sanft wie ein Windhauch_,
>   - Personifizierungen, z. B.: _die Stille umarmt mich_,
>   - Neologismen, z. B.: _eingemuldet_,
>   - Alliterationen, z. B.: _leise und leicht_,
>   - Satzbau, Zeichensetzung, z. B.: _Der Wind leise säuselt_ (Inversion).

Tipp
Orientiere dich am Merkkasten.

e Untersuche, mit welchen sprachlichen Mitteln der Autor die Gedanken des lyrischen Ichs gestaltet. Markiere Stellen im Text und ergänze dann die Tabelle.

Beispiel aus dem Text	Sprachliche Mittel
„Gewisper aus vier Winden" (Vers 1)	_sprachliches Bild, Personifikation_
	ausdrucksstarke Verben

f Recherchiere die **Biografie** des Dichters und notiere wichtige Fakten in deinem Heft.

g Überlege, ob und ggf. wie deine Ergebnisse aus Aufgabe f deine Deutungen beeinflussen. Formuliere deine Ergebnisse. Schreibe ins Heft.

Ein weitere Gedicht analysieren

2 Analysiere das folgende Gedicht.

a Lies das Gedicht oder lass es dir vorlesen.

Dagmar Nick (geb. 1926)
Überlegung

* *Faun*:
altrömischer Gott des
Waldes (gehörnt, bockfüßig)

Eigentlich wollte ich dir den Faun*
und den Wald mit dem Bussard vererben,
nicht nur den Stacheldrahtzaun
und das Fischesterben.

5 Eigentlich dachte ich, Frieden sei Glück
und nicht bloß eine Vokabel.
Doch immer kehren die Tauben zurück
ohne den Ölzweig* im Schnabel.

* *Taube mit Ölzweig*:
biblisches Symbol des
Friedens (im Alten
Testament)

* *Ölbaum*:
Symbol für Frieden,
Wachstum, Wohlstand,
Heilung

Vielleicht ist der Ölbaum* schon umgehaun,
10 da machen Worte nichts besser.
Auch die Brücken, die wir aus Worten baun,
gehn über totes Gewässer.

Jetzt klagen mich deine Augen an
und wollen mir nicht vergeben.
15 Vielleicht hab ich doch nicht genug getan
für das Leben.

b Notiere stichpunktartig deine Gedanken und Fragen zum Gedicht.

_____

_____

_____

c Notiere, in welcher Stimmung das lyrische Ich sein könnte und an wen es sich wenden könnte. Begründe deine Überlegungen stichpunktartig.

_____

_____

_____

d Notiere die Anzahl der Strophen und Verse sowie das Reimschema.

_____

_____

2 c Wähle z. B. aus folgenden Adjektiven aus:
nachdenklich / bedrückt / zweifelnd / schuldbewusst / enttäuscht / unzufrieden / verzweifelt / zuversichtlich / hoffnungsvoll / zutrauend / …

Tipp
Beziehe den Merk-kasten auf Seite 37 mit ein.

e Untersuche die sprachliche Gestaltung des Gedichts. Ergänze die Eintragungen in der Tabelle.

Strophe	sprachliche Mittel / Beispiel	Aussage / Wirkung
1	- *direktes Ansprechen: „Eigentlich wollte ich dir ..." (V. 1)* - *Enjambements (V. 1./ 2. und V. 3./4.)* ...	- *direkter Bezug zur Leserin / zum Leser* - *Verdeutlichung des Zusammenhangs*

f Fasse die Gedanken des lyrischen Ichs strophenweise zusammen und ergänze deren Wirkung auf dich. Schreibe in ganzen Sätzen in dein Heft.

In der ersten Strophe bedauert das lyrische Ich, dass es anstelle einer gesunden Natur eine ... Das wirkt auf mich ...

g Überlege, was für dich die wichtigsten Aussagen des Gedichts sind. Formuliere eine oder mehrere Interpretationshypothesen. Schreibe in dein Heft.

h Versuche, das Thema des Gedichts in einem Satz zusammenzufassen.

i Passt deiner Meinung nach der Titel „Überlegung" zum Inhalt des Gedichtes? Begründe deine Entscheidung.

j Recherchiere die **Biografie** der Dichterin und was über die **Entstehungszeit** des Gedichtes bekannt ist. Notiere wichtige Fakten in deinem Heft.

k Überlege, ob und ggf. wie deine Ergebnisse aus Aufgabe j deine Deutungen beeinflussen. Formuliere deine Ergebnisse. Schreibe ins Heft.

2g Du kannst z. B. so beginnen:
Ein lyrisches Ich möchte insgesamt zum Ausdruck bringen, dass ... / Im Gedicht geht es um die verschiedenen Gedanken und Gefühle („Überlegungen") eines ... / Das Gedicht will Leserinnen und Leser anregen, ...

Interpretationen zu lyrischen Texten verfassen

Das Ziel einer **Interpretation** ist es, mögliche Aussagen eines lyrischen Textes herauszuarbeiten, d. h. den **Text** zu **deuten** (interpretieren). Diese Deutungen müssen mithilfe von Textstellen (Zitaten) belegt werden. Eine gründliche **Analyse** des Gedichts ist die Voraussetzung für das Verfassen einer Interpretation. Eine Interpretation schreibt man im Präsens. Sie sollte folgende **Bestandteile** aufweisen:

Einleitung:
• Name der Dichterin bzw. des Dichters, evtl. biografische Daten
• Textsorte (z. B. Gedicht, Ballade, Volkslied)
• Titel, Thema sowie erster Eindruck vom Text

Hauptteil:
• kurze Inhaltsangabe
• Interpretationshypothese(n) zum Gesamttext: zusammenfassende Annahme(n) bzw. Deutungen zu zentralen Botschaften bzw. Aussagen des Gedichts
• Begründung der Interpretationshypothese(n) durch: Darstellung und Deutung des Inhalts, der Form und der Sprache (stilistische Mittel) und deren Wirkung

Schluss:
• eigene Meinung zu dem im Gedicht Dargestellten
• Bezug zum eigenen Leben

Eine Interpretation zu einem Gedicht verfassen

1 Verfasse eine Interpretation zum Gedicht Überlegungen von Dagmar Nick (Aufgabe 2a, S. 38). Schreibe in dein Heft oder nutze den Computer.

a Lies das Gedicht noch einmal und entwirf die Einleitung deiner Interpretation.

Tipp
Nutze deine Ergebnisse aus Aufgabe 2 (S. 38–39).

b Entwirf den Hauptteil deiner Interpretation. Schreibe zuerst eine kurze Inhaltsangabe, formuliere danach eine Interpretationshypothese zum Gedicht.

c Begründe deine Interpretationshypothese. Wähle dazu zwei bis drei besonders aussagestarke Textstellen aus und deute diese. Beziehe auch die formale und sprachliche Gestaltung des Gedichts mit ein.

●●● d Überlege, ob Informationen zu Leben und Werk der Autorin einbezogen werden sollten. Ergänze deine Interpretation gegebenenfalls.

e Formuliere den Schluss deiner Interpretation.

f Überarbeite deinen Entwurf gründlich. Achte auch auf die Rechtschreibung sowie auf treffende Formulierungen.

Wähle z. B. aus folgenden Adjektiven aus:
1a Einleitung, z. B.: *Das Gedicht „…" von … befasst sich mit … Die Grundstimmung wirkt …*
1b Hauptteil:
  Inhaltsangabe, z. B.: Im Gedicht spricht / denkt / schildert ein lyrisches Ich / ein lyrischer Sprecher / eine lyrische Sprecherin …
  Aufbau, z. B.: Das Gedicht besteht aus …
  Sprache und deren Wirkung, z. B.: Sprachliche Besonderheiten sind z. B. … / Damit wird verdeutlicht, …
1c Interpretationshypothese, z. B.: *Das Gedicht „…" thematisiert / verweist auf … / wirft die Frage auf, …*
1d Schluss, z. B.: *Das Gedicht hat mich … / Das Gedicht enthält die Botschaft, …*

Einen lyrischen Text gestaltend erschließen

> Man kann sich mit literarischen Texten (Erzählungen, Gedichten, Dramen) auch **gestaltend** auseinandersetzen und sie erschließen, indem man **eigene Texte** dazu schreibt, zum Beispiel Parallel- oder Antworttexte, Fortsetzungen, Ergänzungen, Briefe oder Kommentare.

1 Schreibe ein Parallelgedicht zu Volker Brauns Gedicht „DAS WÜNSCHT ICH MIR" (S. 36, Aufgabe 1a). Ein Parallelgedicht orientiert sich inhaltlich und formal (z.B. Strophen- und Versanzahl/Reimschema/Satzbau) am Originalgedicht.

Tipp
Nutze deine Analyseergebnisse aus Aufgabe 1 (S. 36–37).

a Lies das Gedicht noch einmal (S. 36, Aufgabe 1a) und überlege, welche Wünsche oder Hoffnungen du in den Mittelpunkt stellen möchtest. Notiere Stichpunkte.

Zimmer über der Stadt

Wünsche

b Entwirf dein Parallelgedicht. Orientiere dich in Form und Sprache am Originalgedicht. Schreibe ins Heft.

c Überarbeite dein Gedicht mehrfach und schreibe es abschließend gut lesbar auf. Du kannst es auch mithilfe von Schrift gestalten oder illustrieren.

●●● **d** Schreibe ein weiteres Parallelgedicht zu Volker Brauns Gedicht _„DAS WÜNSCHT ICH MIR"_ (S. 36, Aufgabe 1a), verändere aber das Thema. Verfasse zum Beispiel ein Gedicht zur Überschrift „DAS FÜRCHTE ICH".

2 Schreibe einen Brief an das lyrische Ich des Gedichts „Überlegungen" von Dagmar Nick (S. 38, Aufgabe 2a).

Tipp
Nutze deine Analyseergebnisse aus Aufgabe 2 (S. 38–39).

a Lies das Gedicht noch einmal (S. 38, Aufgabe 2a) und notiere stichpunktartig, was du dem lyrischen Ich sagen bzw. was du erwidern oder fragen möchtest.

b Entwirf deinen Brief und stelle darin deine eigenen Gedanken zu den im Gedicht angesprochenen Themen dar.

c Überarbeite deinen Brief und gestalte ihn abschließend in geeigneter Form.

Dramenszenen erschließen

Dramenszenen analysieren und interpretieren

> Das **Drama** ist ein literarischer Text der Gattung **Dramatik**, der zur Aufführung
> auf der Bühne verfasst ist (ein Bühnenstück). Ein **dramatischer Text** ist in Aufzüge
> (oder Akte) eingeteilt, die aus **Szenen** bestehen. Der Text besteht im **Haupttext**
> aus wörtlicher Rede, d. h. aus Monologen (Selbstgesprächen) und Dialogen
> (Zwiegesprächen) von Figuren. Oft gibt es auch Regieanweisungen **(Nebentexte)**
> mit Hinweisen zu Ort, Zeit, Bühnengestaltung, Requisiten, Handlungen und
> Sprechweise der Figuren.
> Meist werden in Dramen **Konflikte** und deren Lösung behandelt.
> Eine **Komödie** ist ein Drama mit einer heiteren Handlung und meist glücklichem
> Ende. In einer **Tragödie** wird die Hauptfigur mit einem Schicksal konfrontiert oder
> gerät in einen Konflikt und scheitert daran.

1 Lerne das Drama „Der Besuch der alten Dame" (1956) von Friedrich Dürrenmatt
kennen.

a Im Untertitel wird das Drama eine „Tragische Komödie" genannt. Notiere
stichpunktartig, welche Erwartungen das bei dir auslöst.

_____

_____

b Lies den folgenden Auszug aus dem ersten Akt des Dramas.

*Die Bürger der verarmten Stadt Güllen haben voller Hoffnung auf den Besuch der
Multimillionärin Claire Zachanassian gewartet, die ihre Heimatstadt nach 45 Jahren
besucht, begleitet u. a. von ihrem Butler, dem ehemaligen Oberrichter der Stadt.
Alfred Ill, Ladenbesitzer und ihr ehemaliger Geliebter, soll sie um finanzielle
Unterstützung für Güllen bitten. Während des Festessens im Wirtshaus wendet sich
Claire Zachanassian an die Bürger.*

Erster Akt (Auszug)

CLAIRE ZACHANASSIAN Bürgermeister, Güllener. Eure selbstlose Freude über
    meinen Besuch rührt mich. […] Um jedoch meinen Beitrag an eure Freude zu
    leisten, will ich gleich erklären, dass ich bereit bin, Güllen eine Milliarde zu
    schenken. Fünfhundert Millionen der Stadt und fünfhundert Millionen verteilt
5   auf alle Familien.
Totenstille […]
CLAIRE ZACHANASSIAN Unter einer Bedingung.
*Alle brechen in einen unbeschreiblichen Jubel aus. Tanzen herum, stehen auf die
    Stühle, der Turner turnt usw. Ill trommelt sich begeistert auf die Brust.* […]
10 DER BÜRGERMEISTER Unter einer Bedingung, haben gnädige Frau gesagt.
    Darf ich diese Bedingung wissen?
CLAIRE ZACHANASSIAN Ich will die Bedingung nennen. Ich gebe euch eine
    Milliarde und kaufe mir dafür die Gerechtigkeit.
Totenstille.
15 DER BÜRGERMEISTER Wie ist dies zu verstehen, gnädige Frau?

CLAIRE ZACHANASSIAN Wie ich es sagte.

DER BÜRGERMEISTER Die Gerechtigkeit kann man doch nicht kaufen!

CLAIRE ZACHANASSIAN Man kann alles kaufen.

DER BÜRGERMEISTER Ich verstehe immer noch nicht. [...]

20 DER BUTLER Wie ihr vernommen habt, bietet Frau Claire Zachanassian eine
Milliarde und will dafür Gerechtigkeit. Mit anderen Worten: Frau Claire
Zachanassian bietet eine Milliarde, wenn ihr das Unrecht wiedergutmacht,
das Frau Zachanassian in Güllen angetan wurde. Herr Ill, darf ich bitten.

Ill steht auf, bleich, gleichzeitig erschrocken und verwundert.

25 ILL Was wollen Sie von mir?

DER BUTLER Treten Sie vor, Herr Ill.

ILL Bitte. *Er tritt vor den Tisch rechts. Lacht verlegen. Zuckt die Achseln.*

DER BUTLER Es war im Jahre 1910. Ich war Oberrichter in Güllen und hatte eine
Vaterschaftsklage zu behandeln. Claire Zachanassian, damals Klara Wäscher,

30 klagte Sie, Herr Ill, an, der Vater ihres Kindes zu sein.

Ill schweigt.

DER BUTLER Sie bestritten damals die Vaterschaft, Herr Ill. Sie hatten zwei
Zeugen mitgebracht.

ILL Alte Geschichten. Ich war jung und unbesonnen. [...]

35 DER BUTLER Dies ist die Geschichte: Ein Richter, ein Angeklagter, zwei falsche
Zeugen, ein Fehlurteil im Jahre 1910. [...]

ILL *stampft auf den Boden* Verjährt, alles verjährt! Eine alte, verrückte Geschichte.

DER BUTLER Was geschah mit dem Kind, Klägerin?

CLAIRE ZACHANASSIAN *leise* Es lebte ein Jahr.

40 DER BUTLER Was geschah mit Ihnen?

CLAIRE ZACHANASSIAN Ich wurde eine Dirne.

DER BUTLER Weshalb?

CLAIRE ZACHANASSIAN Das Urteil des Gerichts machte mich dazu.

DER BUTLER Und nun wollen Sie Gerechtigkeit, Claire Zachanassian?

45 CLAIRE ZACHANASSIAN Ich kann sie mir leisten. Eine Milliarde für Güllen,
wenn jemand Alfred Ill tötet.

Totenstille. [...]

Der Bürgermeister steht auf, bleich, würdig.

DER BÜRGERMEISTER Frau Zachanassian: Noch sind wir in Europa, noch sind wir

50 keine Heiden. Ich lehne im Namen der Stadt Güllen das Angebot ab.
Im Namen der Menschlichkeit. Lieber bleiben wir arm denn blutbefleckt.

Riesiger Beifall.

CLAIRE ZACHANASSIAN Ich warte.*

c Notiere deine ersten Gedanken, Gefühle und Fragen zum Text.

_____

_____

_____

_____

Die Handlung erschließen

Tipp
Beachte auch den kursiv gedruckten Vorspann.

2 Erschließe den Dramenauszug in Aufgabe 1b (S. 42–43) schrittweise.

a Lies den Auszug noch einmal. Notiere Folgendes.

Handlungsort: _____

Handlungszeit: _____

Handelnde Figuren: _____

_____

b Notiere, was sich die Güllener vom Besuch Claire Zachanassians erhoffen.

_____

_____

c Gib wieder, welche Forderung Claire Zachanassian an die Bürger stellt.

_____

d Beschreibe, wie die Güllener Bürger und der Bürgermeister auf die Forderung der alten Dame reagieren.

_____

_____

siehe z. B.:
Z. ...
Z. ...
Z. ...

e Notiere, welchen Eindruck Alfred Ill auf dich macht. Belege deine Aussagen mit Textstellen, ergänze dazu Zeilenangaben in der Randspalte.

_____

_____

_____

_____

f Untersuche, welche Konflikte sich im ersten Akt andeuten. Ergänze die folgenden Angaben und nenne entsprechende Textstellen.

– Konflikt Claire Zachanassian und Alfred Ill: _____

_____

_____ (Z.   )

– Konflikt Güllener Bürger und Claire Zachanassian:

_____

_____

(Z.   )

g Notiere Vermutungen zum weiteren Dramenverlauf in deinem Heft.

> Um **Dramenszenen** zu **erschließen**, muss man auch die **Figuren** genau untersuchen. Man liest den **dramatischen Text** mehrmals und fragt: Was erfährt man (nicht) über
>
> **äußere Merkmale der Figur** (Aussehen, Alter, Kleidung usw.),
>
> **innere Merkmale der Figur**, z. B.:
> - die Lebensumstände (Freunde, Familie, Wohnung, Schule usw.),
> - das Verhalten (zu Hause, bei Freunden, in bestimmten Situationen),
> - Gedanken und Gefühle, Interessen usw.,
> - die Sprache (Wortwahl, Ausdrucksweise, Sprechweise),
>
> und welche **Eigenschaften** lassen sich daraus ableiten? Bei der Analyse kann man sich am **Nebentext** und am **Haupttext (Figurenrede)**, also an **beschreibenden Aussagen** der Figuren orientieren, z. B.: *Claire Zachanassian: „Man kann alles kaufen.“ (Z. 18) → Sie tritt selbstbewusst/siegessicher auf.*
>
> Man kann Eigenschaften einer Figur auch aus ihren Handlungen ableiten, z. B.: *Ill stampft auf den Boden. (Z. 37) → Alfred Ill ist wütend/frustriert.*

3 Untersuche die Figuren im Dramenauszug (Aufgabe 1 b, S. 42–43) genauer.

a Untersuche, ob der Text etwas über die äußeren Merkmale der Figuren aussagt. Wenn nicht, notiere ins Heft, wie du dir die Figur(en) vorstellst.

b Untersuche die inneren Merkmale der Figuren. Übertrage die Tabelle ins Heft und ergänze sie.

Figur	Äußerung / Verhalten	mögliche Gedanken und Gefühle	mögliche Eigenschaften
Claire Zachanassian	*eine Milliarde für Ills Tod*	...	...
...			

Tipp
Achte besonders auf Wortwahl, Satzbau und Zeichensetzung.

c Untersuche die Sprache der Figuren und welche Wirkung davon ausgeht. Notiere deine Ergebnisse im Heft nach folgendem Muster.

Claire Zachanassian:
–   häufig das Personalpronomen „ich“, z. B.: „Ich will die Bedingung nennen.“ (Z. 12), ...
–   ...
Wirkung: Ihre Sprache / Ausdrucksweise wirkt auf mich ...

3 b Verwende zum Beispiel folgende Adjektive, um Eigenschaften zu beschreiben:
verantwortungslos / unehrlich / rachsüchtig / machtbewusst / zynisch / boshaft / ehrbar / realistisch / treu / höflich / stolz / menschlich

Eine zusammenhängende schriftliche **Textinterpretation** schreibt man im Präsens. Sie sollte folgende Bestandteile aufweisen:

Einleitung:
- Name der Autorin / des Autors, evtl. biografische Daten,
- Textsorte, Titel, Thema sowie erster Eindruck von der Dramenszene,

Hauptteil:
- kurze Inhaltsangabe,
- Interpretationshypothese(n)* zur Dramenszene: zusammenfassende Annahme(n) bzw. Deutung(en) zu zentralen Botschaften bzw. Aussagen,
- Begründung der Interpretationshypothese(n) durch Darstellung und Deutung von Besonderheiten der Handlungs-, Orts-, Zeit- und Figurengestaltung, Darstellung und Deutung besonderer sprachlicher (stilistischer) Mittel und deren Wirkung, ggf. Einordnung in eine Epoche,

Schluss:
- eigene Meinung zu dem in der Dramenszene Dargestellten,
- Bezug zum eigenen Leben.

* Interpretationshypothese: eine noch unbelegte Annahme für die Interpretation

Eine Dramenszene interpretieren

4 Verfasse eine zusammenhängende schriftliche Interpretation zum Dramenauszug in Aufgabe 1 b (S. 42–43).

a Schreibe eine Einleitung für die Interpretation in dein Heft. Orientiere dich am Merkkasten und nutze deine Ergebnisse zu den Aufgaben 1 bis 3.

b Verfasse eine kurze Inhaltsangabe zum Dramenauszug. Schreibe ins Heft.

c Formuliere auf der Grundlage deiner Untersuchungsergebnisse aus den Aufgaben 1 bis 3 (S. 42–45) eine Interpretationshypothese.

_____

_____

_____

d Schreibe nun den Hauptteil deiner Interpretation. Nutze dafür auch deine Ergebnisse aus den Aufgaben b und c.

e Schreibe einen Schluss für deine Interpretation. Beziehe deine Meinung zum Dramenauszug mit ein.

f Überarbeite deine Interpretation. Orientiere dich am Merkkasten und achte auf die Rechtschreibung sowie auf treffende Formulierungen.

4a Du kannst z.B. so beginnen:
Bei dem Drama „Der Besuch der alten Dame" von … handelt es sich um eine „Tragische Komödie", die 19.. erschienen ist. In dem Dramenauszug geht es …

4b Du kannst z.B. so beginnen:
Die Multimillionärin Claire Zachanassian bietet den Bürgern der verarmten Stadt Güllen …

4c Du kannst z.B. folgende Formulierungen nutzen:
Die Multimillionärin Claire Zachanassian kehrt verbittert in ihre Heimatstadt zurück und fordert das Leben ihres ehemaligen Geliebten Alfred Ill, weil … / Die Multimillionärin Claire Zachanassian will Vergeltung für ihr einst erlittenes Unrecht und macht den Bewohnern der Stadt Güllen ein inhumanes Angebot. Sie fordert …

4e Du kannst z.B. so beginnen: *Zusammenfassend / Abschließend lässt sich sagen, …*

5 Schreibe eine weitere Interpretation zu einem Dramenauszug.

a Lies die Auszüge aus dem zweiten und dritten Akt und erfahre, wie die Geschichte mit den Güllenern und ihrem Besuch weitergeht.

Claire Zachanassian hat sich im Hotel einquartiert und wartet darauf, dass die Güllener sich ihr Angebot überlegen. Ihre Diener tragen vor den Augen Alfred Ills Kränze und Blumen wie zu einer Beerdigung ins Hotel. In seinen Laden kommt sehr viel Kundschaft. Niemand hat Geld, alle lassen anschreiben.

Zweiter Akt (Auszug)

Ein zweiter Kunde kommt, verarmt und verrissen, wie alle (Der Zweite). [...]
ILL Eine Kundschaft habe ich diesen Morgen. Sonst die ganze Zeit niemand, und nun strömt's seit einigen Tagen.
DER ERSTE Wir stehen eben zu Ihnen. Zu unserem Ill. Felsenfest.
5 DIE FRAUEN *Schokolade essend* Felsenfest, Herr Ill, felsenfest.
DER ZWEITE Du bist schließlich die beliebteste Persönlichkeit.
DER ERSTE Die wichtigste.
DER ZWEITE Wirst im Frühling zum Bürgermeister gewählt.
DER ERSTE Todsicher.
10 DIE FRAUEN *Schokolade essend* Todsicher, Herr Ill, todsicher. [...]
DER ZWEITE Schreib's auf.
ILL Diese Woche will ich eine Ausnahme machen, doch dass du mir am Ersten zahlst, wenn die Arbeitslosenunterstützung fällig ist.
Der Zweite geht zur Türe.
15 ILL Helmesberger!
Er bleibt stehen. Ill kommt zu ihm.
ILL Du hast neue Schuhe. Gelbe neue Schuhe.
DER ZWEITE Nun?
ILL *blickt nach den Füßen des Ersten* Auch du, Hofbauer. Auch du hast neue
20 Schuhe. *Er blickt nach den Frauen, geht zu ihnen, langsam, grauenerfüllt.* Auch ihr. Neue gelbe Schuhe. Neue gelbe Schuhe. [...] Neue Schuhe. Wie konntet ihr neue Schuhe kaufen?
DIE FRAUEN Wir ließen's aufschreiben, Herr Ill, wir ließen's aufschreiben.
ILL Ihr ließet's aufschreiben. Auch bei mir ließet ihr's aufschreiben. Besseren
25 Tabak, bessere Milch, Kognak. Warum habt ihr denn auf einmal Kredit in den Geschäften? [...]
An den Tisch links setzt sich der Polizist. Trinkt Bier. Er spricht langsam und bedächtig. Von hinten kommt Ill.
DER POLIZIST Was wünschen Sie, Ill? Nehmen Sie Platz.
30 *Ill bleibt stehen.*
DER POLIZIST Sie zittern.
ILL Ich verlange die Verhaftung der Claire Zachanassian. [...]
DER POLIZIST Merkwürdig. Äußerst merkwürdig. Er trinkt Bier.
ILL Die natürlichste Sache der Welt.
35 DER POLIZIST Lieber Ill, so natürlich ist die Sache nicht. Untersuchen wir den Fall nüchtern. Die Dame machte der Stadt Güllen den Vorschlag, Sie gegen eine Milliarde – Sie wissen ja, was ich meine. [...] Doch damit ist für die Polizei noch kein Grund geschaffen, gegen Frau Claire Zachanassian einzuschreiten. [...]
ILL Anstiftung zum Mord.

40   DER POLIZIST Passen Sie mal auf, Ill. Eine Anstiftung zum Mord liegt nur dann
        vor, wenn der Vorschlag, Sie zu ermorden, ernst gemeint ist. Das ist doch klar.
      ILL Meine ich auch.
      DER POLIZIST Eben. Nun kann der Vorschlag nicht ernst gemeint sein, weil der
        Preis von einer Milliarde übertrieben ist, das müssen Sie doch selber zugeben,
45   [...] und sollte er ernst gemeint sein, so kann die Polizei die Dame nicht ernst
        nehmen, weil sie dann verrückt ist: Kapiert?
      ILL Der Vorschlag b e d r o h t mich, Polizeiwachtmeister, ob die Dame nun
        verrückt ist oder nicht. Das ist doch logisch.
      DER POLIZIST Unlogisch. Sie können nicht durch einen Vorschlag bedroht werden
50   [...]. Zeigen Sie mir einen wirklichen Versuch, diesen Vorschlag auszuführen,
        [...] und ich komme in Windeseile. Doch gerade diesen Vorschlag will ja
        niemand ausführen, im Gegenteil. [...]
      ILL Ich bin nicht ganz so sicher, Polizeiwachtmeister.
      DER POLIZIST Nicht ganz so sicher? [...]

55   *Die Einstellung der Güllener hat sich langsam geändert. Auch Alfred Ill bemerkt dies
      voller Entsetzen. Er spricht mit dem Lehrer über seine Angst.*

      Dritter Akt (Auszug)

      DER LEHRER Ach, Ill. Was sind wir für Menschen. Die schändliche Milliarde
        brennt in unseren Herzen. Reißen Sie sich zusammen, kämpfen Sie um Ihr Leben
60   [...].
      ILL Ich kämpfe nicht mehr. [...]
        Ich sah ein, dass ich kein Recht mehr habe.
      DER LEHRER Kein Recht? Gegenüber dieser verfluchten alten Dame, dieser
        Erzhure, die ihre Männer wechselt vor unseren Augen, schamlos, die unsere
65   Seelen einsammelt?
      ILL Ich bin schließlich schuld daran.
      DER LEHRER Schuld?
      ILL Ich habe Klara zu dem gemacht, was sie ist, und mich zu dem, was ich bin,
        ein verschmierter windiger Krämer. Was soll ich tun, Lehrer von Güllen?
70   Den Unschuldigen spielen? [...] Ich kann mir nicht mehr helfen und euch
        auch nicht mehr. [...]
      DER LEHRER [...] *Er bleibt kerzengerade vor Ill stehen, nur noch leicht schwankend.*
        Man wird Sie töten. Ich weiß es, von Anfang an, und auch Sie wissen es schon
        lange [...]. Die Versuchung ist zu groß und unsere Armut zu bitter. Aber ich
75   weiß noch mehr. Auch ich werde mitmachen. Ich fühle, wie ich langsam zu
        einem Mörder werde. Mein Glaube an die Humanität ist machtlos.*

Tipp
Achte auf die
Wandlung der
Güllener Bürger-
schaft im Laufe der
Handlung.

b   Wähle eine der beiden Szenen aus und analysiere die Handlung und die Figuren
     gründlich. Orientiere dich an den Aufgaben 1 bis 3 (S. 42–45) und fertige in
     deinem Heft Notizen an.

c   Entwirf eine schriftliche Interpretation zur ausgewählten Szene. Orientiere dich am
     Merkkasten (S. 46) und schreibe in dein Heft.

d   Überarbeite deinen Entwurf und erstelle die Endfassung.

 6   Informiere dich über den Schluss des Dramas „Der Besuch der alten Dame" und
     über Friedrich Dürrenmatt. Stelle das Drama sowie Leben und Werk seines
     Verfassers anschaulich vor, z. B. in einer Präsentation.

Eine Dramenszene gestaltend erschließen

Eine Rollenbiografie schreiben

1 Verfasse eine Rollenbiografie (Selbstdarstellung) zu der Figur des Alfred Ill oder zu der Figur der Claire Zachanassian.

Tipp
Nutze deine Ergebnisse aus den Aufgaben 1–3, (S. 43–45).

a Notiere zu der von dir gewählten Figur wichtige Informationen in Stichworten. Orientiere dich an folgenden Punkten.

– Name / Alter / Beruf / Familie / evtl. äußere Erscheinung
– Vergangenheit / Herkunft / Erlebnisse
– gegenwärtige Lebenssituation / Stellung in der Gemeinschaft
– Verhalten / Eigenschaften / Auftreten
– Motive / Ziele / Sorgen

_____

_____

_____

_____

_____

b Formuliere nun deine Rollenbiografie im Heft aus. Verwende die Ich-Perspektive.
Ich bin ... / Mein Name ist ...

c Überarbeite deine Rollenbiografie. Achte auch auf angemessene Formulierungen und die Rechtschreibung.

Einen Figurenbrief schreiben

2 Stelle dir vor, dass Alfred Ill nach dem Gespräch mit dem Lehrer (S. 48) einen Brief an Claire Zachanassian schreibt. Verfasse diesen Brief.

a Notiere zuerst stichpunktartig, was Ill Claire Zachanassian schreiben könnte.

_____

_____

_____

_____

Tipp
Briefaufbau:
Anrede
Einleitungssatz
Haupttext
Grußformel

b Verfasse nun den Brief Alfred Ills. Achte auf die Ich-Perspektive. Schreibe ins Heft.

c Überprüfe den Inhalt deines Briefes mithilfe deiner Notizen in Aufgabe a. Achte auch auf eine angemessene Ausdrucksweise und die Rechtschreibung.

e Überarbeite den Brief gegebenenfalls.

2 a Folgende Themen könnte er ansprechen:
ihre frühere Liebesbeziehung / sein damaliges Verhalten / wie er sein Verhalten jetzt beurteilt / ...

Elisabeth Steinkellner (geb. 1981)

Zugvögel (2016)

„Zuckerwatte", sagst du, „riechst du das?"

Ich schnuppere. Nicke.

„Kommt von dort", erklärst du und zeigst auf einen Baum.

„Zuckerwattenbaum heißt der."

5 Ich grinse.

„Ja, wirklich, kein Spaß", bekräftigst du und grinst auch. „Als du klein warst, hast du dieses klebrige Zeug geliebt, weißt du noch?"

Ich schüttle den Kopf.

Wir gehen an einem kleinen Teich vorbei. „Stockenten", erklärst du.

10 „Wann fliegen die eigentlich in den Süden?", frage ich.

Du lachst. „Gar nicht. Die bleiben."

Ich verstehe nicht, warum du das lustig findest, aber egal.

Bereits zum dritten Mal kommen wir am Klettergerüst vorbei, der Park ist nicht besonders groß, in einer Stunde kann man ihn mindestens fünf Mal umrunden.

15 Eine Stunde hast du Zeit für mich, heute ausnahmsweise, obwohl gar nicht Wochenende ist. Zwischen zwei Besprechungen hast du mich eingeschoben.

„Was macht die Schule?", willst du wissen.

Ich zucke mit den Schultern. „Alles okay."

„Und zuhause?"

20 „Auch", antworte ich knapp.

Dann nehme ich all meinen Mut zusammen, und bevor ich es mir wieder anders überlegen kann, frage ich schnell: „Können wir uns nicht öfter sehen? Vielleicht jedes Wochenende statt nur einmal im Monat."

Kurz verlangsamst du den Gang. „Das ist leider nicht möglich", sagst du dann,

25 ohne mich anzusehen, und gehst wieder festen Schrittes weiter.

„Warum nicht?"

Du streichst dir die Krawatte glatt, die ohnehin faltenfrei über deine Brust hängt.

„Weil", beginnst du und brichst wieder ab.

Schließlich bleibst du stehen, wendest dich mir zu und legst mir eine Hand auf die

30 Schulter. „Weil ich wegziehe."

Mein Mund ist plötzlich ganz trocken. „Wohin?"

„Ziemlich weit weg", murmelst du, lässt die Hand von meiner Schulter rutschen und weißt nicht, wo du hinschauen sollst.

Ich grabe meine Fäuste in die Hosentaschen und bemühe mich, die Tränen

35 zurückzuhalten.

„Aber vielleicht in den Ferien …", fügst du eilig hinzu. „Du kannst mich jederzeit besuchen. Dort, wo ich wohnen werde, ist es das ganze Jahr über warm." Du versuchst ein Lächeln, es soll wohl aufmunternd wirken, tut es aber nicht.

Ich sehe zu Boden und schlucke. Dann drehe ich mich einfach um und stapfe

40 Richtung Ausgang.

Du hinter mir her. „Du kannst mit dem Flugzeug kommen. In den Süden fliegen, so wie die Enten", rufst du und lachst.

Ich beschleunige meine Schritte, sehe mich nicht um nach dir.

Die Enten fliegen gar nicht in den Süden, denke ich und beginne zu laufen.

45 Die bleiben hier.

1 Lies den Text „Zugvögel" mehrfach und erschließe ihn. Schreibe auf ein extra Blatt oder ins Heft.

a Notiere stichpunktartig Angaben zum Handlungsort, zur Handlungszeit und zum Handlungsverlauf.

b Formuliere das zentrale Thema / das Problem, das der Text aufgreift.

c Überlege, welcher Bezug zwischen der Überschrift „Zugvögel" und dem Textinhalt besteht. Notiere deine Deutungen.

Tipp
Überlege auch, wer hier erzählen könnte: ein Sohn oder eine Tochter?

d Notiere, welche Erzählperspektive die Autorin gewählt hat und welche Wirkung davon ausgeht.

e Untersuche die äußeren und inneren Merkmale der Figuren. Beachte dabei auch die Sprache der Figuren.

f Analysiere die Sprache des Textes und deren Wirkung. Übernimm dazu folgende Tabelle und ergänze sie.

sprachliche (stilistische) Gestaltungsmittel	Textbeispiel	Wirkung/Deutung
…	…	…

g Weise nach, dass es sich bei dem Text um eine Kurzgeschichte handelt.

2 Verfasse auf einem extra Blatt oder im Heft eine schriftliche Interpretation zum Text „Zugvögel" (Aufgabe 1). Die Endfassung deiner Interpretation sollte Folgendes enthalten und sprachlich korrekt sein:

– Autor/-in, Titel, Textsorte mit Begründung
– Inhaltsangabe, Interpretationshypothese
– Begründung der Interpretationshypothese durch Deutung von Textstellen und des Gesamttextes
– Schlussfolgerung, Bezug auf das eigene Leben oder Ähnliches

3 Setze dich gestaltend mit E. Steinkellners Text „Zugvögel" (Aufgabe 1) auseinander. Wähle dazu eine der folgenden Aufgaben aus. Schreibe auf ein extra Blatt oder ins Heft.

– Verfasse einen Tagebucheintrag des Ich-Erzählers bzw. der Ich-Erzählerin nach dem Treffen.
– Verfasse einen Brief, den der Ich-Erzähler bzw. die Ich-Erzählerin oder der Vater nach dem Treffen an die jeweils andere Figur schreiben könnte.
– Verfasse einen inneren Monolog des Vaters unmittelbar nach dem Treffen.

Wortarten und Wortformen

Modusformen der Verben

> Verben bilden vier **Modusformen** (Formen der Aussageweise):
> - Verbformen im **Indikativ** (Wirklichkeitsform) verwendet man, um Tatsachen oder direkte (wörtliche) Rede wiederzugeben,
>   z.B.: *Milo sagt: „Ich bin Radfahrer. Aber ich gehe auch oft zu Fuß." Viele gehen oft zu Fuß.*
> - Verbformen im **Konjunktiv I** geben Äußerungen anderer Personen als indirekte (nicht wörtliche) Rede wieder, vor allem im offiziellen Sprachgebrauch,
>   z.B.: *Milo sagt, er sei Radfahrer, aber er gehe auch oft zu Fuß.*
> - Mit Verbformen im **Konjunktiv II** (Möglichkeitsform) kann man Wünsche, Vorstellungen, Ratschläge, Empfehlungen oder irreale Vorgänge ausdrücken,
>   z.B.: *Ich wünschte, ich hätte mehr Zeit für Sport. Sie turnt, als wäre sie ein Profi.*
> - Mit dem **Imperativ** gibt man Aufforderungen, Befehle, Bitten oder Warnungen wieder,
>   z.B.: *Hört auf die Musik! Achten Sie auf den Takt! Achte auf dich!*

1 Untersuche die Modusformen in folgenden Sätzen.

a Lies die Sätze und bestimme in Klammern dahinter die jeweils verwendete Modusform.

Tipp
Bei den Sätzen 2 und 3 sind unterschiedliche Wirkungen möglich.

1 Ich lese heute in meinem Buch weiter. (_____)

Wiedergabe einer Tatsache, neutral, sachlich _____

2 Er sagt, er würde in seinem Buch weiterlesen. (_____)

_____

3 Sie betont, sie lese gern. (_____)

_____

4 Ich wünschte, ich hätte mehr Zeit zu lesen. (_____)

_____

5 Lies dieses Buch unbedingt! (_____)

_____

b Beschreibe die unterschiedlichen Aussageweisen und deren Wirkung. Orientiere dich dazu am Merkkasten und am Muster zu Satz 1.

1b Du kannst die Wirkung z.B. mithilfe folgender Adjektive beschreiben:
sachlich, neutral, ungläubig, zweifelnd, begeistert, sehnsüchtig.

Tipp
Überlege jeweils, wo du die *würde*-Ersatzform verwenden solltest.

2 Ergänze folgende Sätze. Setze jeweils das Verb aus der Klammer in einer passenden Modusform in die Lücken ein.

1 Er ___*sieht*___ sie jeden Tag. _____ dir das mal an! _____ ich ihn

doch jeden Tag! Er meinte, er _____ die Aufgabe zum ersten Mal. (sehen)

2 _____ bitte mal dein Moped weg! Er antwortet: „Ich _____ sowieso

gleich los." Sie sagt, es genüge, wenn er bis zur nächsten Ecke _____.

Alle wünschen sich, die Mopeds _____ nicht immer direkt vor die Schule.

(schieben, fahren)

3 Ich nehme mir so viel Geld, wie ich _____. Er meint, er _____

nicht viel zum Leben. Wenn ich nicht so viel Geld für das Fitnessstudio

_____, bliebe mir mehr für Ausflüge. (brauchen)

4 Er sagt, er _____ allein ins Stadion. _____ mir aus der Sonne!

Mit etwas Hilfe _____ es schon. Ich _____ gern allein spazieren.

(gehen)

3 Ändere die Modusformen der Verben in folgenden Sätzen.

a Bestimme die Modusformen der unterstrichenen Verben und notiere sie in Klammern hinter dem Satz.

1 <u>Flieg</u> nach Paris! (_____)

2 Man <u>nehme</u> eine Prise Zucker. (_____)

3 Sie <u>schwimmt</u> täglich. (_____)

4 Er sagte, er <u>würde</u> in den Urlaub <u>fahren</u>. (_____)

b Formuliere die Sätze um, indem du jeweils die Modusform des Verbs änderst. Ergänze ggf. eigene Satzteile. Bestimme die Modusformen deiner Sätze.

_____

_____

_____

_____

4 Den Konjunktiv I verwendet man hauptsächlich in der indirekten Rede.

a Wandle folgende Aussagen von Alberst Einstein in die indirekte Rede um.

Verwende den Konjunktiv I. Schreibe ins Heft oder am Computer.

1 „Die besten Dinge im Leben sind nicht die, die man für Geld bekommt."

2 „Fantasie ist wichtiger als Wissen, denn Wissen ist begrenzt."

3 „Inmitten von Schwierigkeiten liegen günstige Gelegenheiten."

4 „Wo Liebe ist, gibt es keine Last."

5 „Ordnung braucht nur der Dumme, das Genie beherrscht das Chaos."

6 „Gott würfelt nicht."

7 „Zeit ist das, was man an der Uhr abliest."

8 „Was wirklich zählt, ist Intuition."

Einstein meint, die besten Dinge im Leben seien _____

b Finde im Internet ein weiteres Zitat von Einstein und ergänze es in direkter und indirekter Rede.

●○○ c Ergänze folgende Sätze über Einstein. Setze dazu die Verben aus der Wortliste jeweils im Indikativ Präteritum in die Lücken ein.

(1) Albert Einstein _____ ein berühmter Physiker, der die

Relativitätstheorie _____ . (2) Er _____ außerdem zur

Entwicklung der Quantenmechanik _____ .

(3) 1922 _____ er den Nobelpreis für Physik. (4) Kein anderer

Wissenschaftler _____ das moderne Bild von Zeit und Raum so wie

Albert Einstein.

d Formuliere die Sätze aus c in indirekte Rede um. Verwende jeweils den Konjunktiv I.

(1) Der Museumsführer erklärte, Einstein sei _____ .

_____

_____

_____

_____

_____

_____

Tipp
Bei einem Satz bietet sich Konjunktiv II oder „würde/-n" an.

Wortliste
prägen / sein / beitragen / entwickeln / erhalten

5 Setze die in Klammern stehenden Verben im Konjunktiv I und II ein.

Tipp
Überlege jeweils, in welchen Sätzen sich die *würde*-Ersatzform besser eignet.

1 Einstein sagt, dass jeder ein Genie _*sei*_ / _*wäre*_ . (sein)

2 Einstein behauptete, er _____ / _____ keine besondere

Begabung. (haben)

3 Es wird behauptet, dass Einstein eine einzigartige Perspektive auf den Sinn des

Lebens _____ / _____ und zu den größten Denkern

unserer Zeit _____ / _____ . (besitzen, gehören)

4 Einstein war der Meinung, dass das Streben nach materiellem Reichtum nicht

das Wesentliche im Leben _____ / _____ . (ausmachen)

5 Einstein meinte, dass dich Logik nicht von A nach B, sondern Fantasie dich

überall hin _____ / _____ . (bringen)

6 Einstein glaubte fest daran, dass der Mensch aus seinen Fehlern lernen

_____ / _____ . (können)

6 Was wäre, wenn sich einer deiner größten Träume erfüllen würde?
Schreibe sechs Sätze im Konjunktiv II.

_____

_____

_____

_____

_____

_____

_____

_____

_____

_____

Aktiv und Passiv

> Von den meisten Verben kann man eine **Aktivform** und eine **Passivform**
> bilden. Will man betonen, wer handelt, verwendet man die Aktivform, z. B.:
> *Sie* <u>*drehen*</u> *auf Rollschuhen ihre Runden. Kaya* <u>*ist*</u> *zehn Runden* <u>*gefahren*</u>.
> Ist unwichtig oder unbekannt, wer handelt, nutzt man die Passivform.
> Soll die Akteurin bzw. der Akteur in Passivsätzen doch genannt werden,
> schließt man das mit *von* an, z. B.:
> *Die Meisterschaft* <u>*wurde*</u> *vom internationalen Sportverband* <u>*organisiert*</u>.
> Man unterscheidet zwei Passivformen:
> - Das **Vorgangspassiv** betont den Ablauf der Handlung. Es wird mit dem
>   Hilfsverb *werden* + Partizip II eines anderen Verbs gebildet,
>   z. B.: *Alex* <u>*wurde beim Skaten am Knie* *verletzt*</u>.
> - Das **Zustandspassiv** nennt den neuen Zustand als Ergebnis einer
>   vorhergegangenen Handlung. Es wird mit dem Hilfsverb *sein* + Partizip II
>   eines anderen Verbs gebildet,
>   z. B.: *Jetzt* <u>*ist*</u> *Alex* <u>*verletzt*</u> *und fällt aus.*

1 Ermittle Aktiv- und Passivformen.

a Lies den Text und unterstreiche in den Sätzen vier Verbformen im Aktiv (blau), zwei
Verbformen im Vorgangspassiv (schwarz) und zwei Verbformen im Zustandspassiv
(rot).

Tipp
Recherchiere ggf.
weitere Informationen zur Geschichte
der Olympischen
Spiele.

Als die wichtigsten und berühmtesten Sportwettkämpfe der Welt <u>gelten</u> die

Olympischen Spiele. Viele Menschen bejubelten die grandiosen Sommerspiele

2024 in Paris. Die Spiele wurden zum ersten Mal nicht in einem Stadion eröffnet,

sondern auf mehreren Schiffen auf dem Fluss Seine. Dadurch ist viel mehr

5 Zuschauern die Möglichkeit gegeben worden, dabei zu sein. An sechzehn Tagen

traten 10 500 Sportlerinnen und Sportler aus 206 Nationen in den Wettstreit.

Während der Sommerspiele werden 35 Wettkämpfe durchgeführt. Bei den

Winterspielen sind es nur halb so viele. Breaking und Kajak Cross sind bei Olympia

2024 als neue olympische Disziplinen dazugekommen. Das Internationale

10 Olympische Komitee nahm während der Spiele viel Geld ein. Etliche Unternehmen

machten Werbung für sich. Damit erkauften sie sich das Recht, „Unterstützer der

Spiele" zu sein. Millionen Sportbegeisterte verfolgten die Wettkämpfe am

Bildschirm. Aber auch ein Fernsehsender muss zahlen, wenn er die Wettkämpfe der

Olympischen Spiele zeigen will. Paris ist zum dritten Mal Austragungsort der

15 Olympischen Spiele gewesen.

b Trage die Aktiv- und Passivformen in die Tabelle ein. Verwende sie anschließend in eigenen Sätzen. Schreibe ins Heft.

Aktiv	Vorgangspassiv	Zustandspassiv

2 Bilde Aktiv- und Passivformen. Setze die in Klammern genannten Verben in der angegebenen Form in die Sätze ein.

1 Frida ___*ist*___ als Erste ins Ziel _____ .

(**sprinten**, 3. Person Singular, Perfekt, Aktiv)

2 Im Wettkampf _____ nicht nur um Plätze, sondern auch um

Bestzeiten _____ .

(**kämpfen**, 3. Person Singular, Präteritum, Vorgangspassiv)

3 Der Wettkampf _____ pünktlich _____ .

(**beenden**, 3. Person Singular, Präteritum, Vorgangspassiv)

4 Der Wettkampf _____ nun _____ .

(**beenden**, 3. Person Präsens, Zustandspassiv)

5 Der Wettkampf _____ pünktlich _____ .

(**beenden**, 3. Person Präteritum, Zustandspassiv)

●●● **3** Schreibe im Heft oder am Computer einen Text über die Olympischen Spiele mithilfe folgender Informationen. Verwende dazu die Verben aus der Wortliste in Aktiv- und Passivformen.

Wortliste
geben / schicken / antreten / lassen / sein / verbieten / gründen / darstellen / stattfinden

griechische Stadt Olympia in der Antike – die stärksten oder schnellsten Männer – Laufen als einzige Wettkampfdisziplin – um 400 nach Christus – seit dem Jahr 1896 – Pierre de Coubertin – Menschen aus verschiedenen Ländern – das Internationale Olympische Komitee – die Olympischen Ringe

Die Wortarten im Überblick

Tipp
Nutze die Übersicht
auf der inneren
Umschlagseite.

1 Wiederhole dein Wissen über die Wortarten. Vervollständige dazu die Übersicht
und ergänze zu jeder Wortart zwei eigene Beispiele.

Wortarten	Beschreibung/Eigenschaften	Beispiele
Substantiv	bezeichnet … deklinierbar	das Theater, Magdeburg _____
		entwickeln, verantworten _____
Adjektiv		merkwürdig, entsetzlich _____
	ersetzt Substantive bestimmt, unbestimmt	der, eine _____
Pronomen		_____ _____
	unflektierbar modifiziert Verben	dort, jetzt _____
Konjunktion		
		seit, unter _____
Numerale		zwei, einige
	behält seine Ausgangsform	Aua!

2 Bestimme die Wortarten der hervorgehobenen Wörter in folgenden Sätzen.
Schreibe in die Klammern.

1 So einen **rasanten** (_____) Flitzer wünsche ich mir auch. **2 Wegen**

(_____) der Hitze gibt es heute verkürzten Unterricht. **3** Ich besuche

gern (_____) andere Städte. **4** Wir fangen an, **wenn** (_____) alle

so weit sind. **5 „Oh!** (_____) Jetzt ist die Glaskaraffe runtergefallen."

6 Ich habe **einen** (_____) Schlüssel gefunden. **7** Am Himmel waren

etliche (_____) Sternschnuppen zu sehen. **8** Ganz **beiläufig**

(_____) beendete er das Gespräch.

Wortbildung und Wortbedeutung

Komposita (Zusammensetzungen)

Für die **Wortbildung** haben sich im Deutschen vor allem zwei Formen bewährt:
- **Ableitung** mithilfe von Präfixen und Suffixen und
- **Zusammensetzung (Komposition):** Bestimmungswort + (Fugenelement +) Grundwort.

Grund- und Bestimmungswort eines **zusammengesetzten Wortes** (das **Kompositum**, Plural: die Komposita) können selbst eine Zusammensetzung oder eine Ableitung sein, z. B.: *Erkältung|s|krankheit: er- + kält + -ung + -s- + krank + -heit.*

Manchmal muss ein **Fugenelement** wie *-e-, -(e)s-, -(e)n-* oder *-er-* eingefügt werden, z. B.: *das Herz + der Wunsch → der Herz ens wunsch, das Bild + der Rahmen → der Bild er rahmen.*

Mithilfe der **Zerlegeprobe** kann man die Schreibung der Wörter ermitteln.

1 Untersuche zusammengesetzte Nomen (Substantive).

a Zerlege die folgenden Zusammensetzungen durch Schrägstriche in ihre Bestandteile. Markiere die Fugenelemente und ergänze die Artikel.

___*die*___ Decken/leuchten/reparatur, _____ Pfannengemüsegericht,

_____ Herrenfreizeitbekleidung, _____ Tintenfischfangarme,

_____ Tomatensalatgewürz, _____ Korrekturrotstift, _____ Dachbodenausbau,

_____ Autobahnraststätte, _____ Blinddarmoperationsnarbe

b Verdeutliche die Bedeutung folgender Wörter durch Schreibung mit Bindestrich. Ergänze dazu folgende Tabelle.

Zusammensetzung	Bindestrich-Schreibung	Bedeutung
Eistempel	Eis-Tempel Ei-Stempel	kalter Ort Kennzeichnung auf einem Ei
Wachstube		
Staubecken		

Wortliste
trüb / klar / leicht / arm / süß / schwer / bitter / hart / alt / nass

2 Bilde mithilfe der Adjektive aus der Wortliste Komposita. Nutze sie jeweils einmal als Grundwort und einmal als Bestimmungswort. Schreibe ins Heft und ergänze bei Nomen (Substantiven) jeweils den Artikel.

trüb: naturtrüb – der Trübsinn / klar: ...

Ableitungen

Ableitungen entstehen durch Anfügen von **Präfixen** (Vorsilben) oder **Suffixen** (Nachsilben) an einen **Wortstamm**. Der Wortstamm entspricht meist der Grundform (Nennform), unter der die Wörter im Wörterbuch aufgeführt werden, z.B.: *Mann, Hose, Kleid; jung, schön, groß.*

Bei Verben wird von der Grundform (dem Infinitiv) die Endung *-(e)n* abgestrichen, z.B.: *such-en, renn-en, seh-en; sammel-n, ärger-n, schummel-n.*

Typische Ableitungspräfixe und -suffixe sind:

Präfixe: be-, er-, ent-, ver-, zer-, un-, miss-,

Suffixe:
- Nomen/Substantive: *-ung, -heit, -keit, -nis, -ion, -ik, -ine,*
- Adjektive: *-lich, -ig, -isch, -sam, -bar, -haft, -iv,*
- Verb: *-ieren,*

z.B.: *der Ärger → ärgern, verärgern, das Ärgernis, ärgerlich, die Verärgerung.*

1 Nutze Präfixe und Suffixe und schreibe zu folgenden Verben möglichst viele Ableitungen auf. Ergänze bei Nomen (Substantiven) den Artikel.

nehmen: _____

lesen: _____

deuten: _____

2 Ableitung (A) oder Zusammensetzung (Z)?

Tipp
Eines der Wörter kann sowohl Ableitung als auch Zusammensetzung sein.

a Entscheide und schreibe den passenden Buchstaben hinter das Wort.

GRAFSCHAFT (___); KUNDSCHAFT (___); SCHUHSCHAFT (___);

SCHMACKHAFT (___); ERZWINGUNGSHAFT (___); KNABENHAFT (___);

LAUNENHAFT (___); ZAHLBAR (___); SUPPENBAR (___); BROILERBAR (___);

NAHBAR (___); TANZBAR (___)

b Schreibe die Wörter in richtiger Groß- bzw. Kleinschreibung auf. Ergänze bei Nomen (Substantiven) den Artikel.

_____

_____

_____

_____

Fachwörter und Fremdwörter

> **Fachwörter** bezeichnen einen Sachverhalt kurz, genau und eindeutig. Sie sind
> Ausdruck für das Spezialwissen bestimmter Gruppen von Menschen in
> bestimmten Bereichen. Zusammengefasst bilden sie eine **Fachsprache** bzw. einen
> **Fachwortschatz**. Da ein fachlicher Austausch oft international stattfindet,
> enthält der Fachwortschatz meist zahlreiche **Fremdwörter**, z. B. aus dem
> Lateinischen, Griechischen, Englischen, Französischen.
>
> Manche Fachwörter werden auch in der Alltagskommunikation verwendet,
> wobei sich Schreibungen durch Sprachwandel ändern können. Bei einigen ist
> dann zwischen fachsprachlicher und alltagssprachlicher Verwendung zu
> unterscheiden, z. B.: *Orthographie – Orthografie, biographisch – biografisch,*
> *codieren – kodieren, potentiell – potenziell.*

1 Folgenden Fachwörtern begegnet man auch im Alltag.

a Verbinde die Fachwörter (1 bis 10) mit der jeweils richtigen Bedeutung (A bis J).

1. ambulant	**A** Mandelentzündung
2. appellieren	**B** Bildschirm
3. Visite	**C** Behandlung nicht im Krankenhaus
4. Angina	**D** Kennzeichen, Merkmal
5. Parameter	**E** angreifend
6. Monitor	**F** mahnen
7. aktivieren	**G** Teil, Abschnitt
8. Adressat	**H** Arztbesuch
9. Segment	**I** in Gang setzen
10. aggressiv	**J** Empfänger

b Finde für folgende Fachwörter sinnvolle deutsche Synonyme und schreibe sie auf.

adäquat: _____   *echauffieren:* _____

obligatorisch: _____   *implizieren:* _____

sukzessiv: _____   *lamentieren:* _____

provisorisch: _____   *suggerieren:* _____

lapidar: _____   *verifizieren:* _____

c Bilde möglichst viele Sätze mit den Fachwörtern/Fremdwörtern aus Aufgabe b.
Schreibe ins Heft.

2 Fachbegriffe sind oft Fremdwörter, entnommen aus anderen Sprachen.

Tipp
Verwende ggf. ein
Nachschlagewerk.

a Ordne die nachfolgenden Begriffe der Ausgangssprache zu und trage sie in die Tabelle ein.

Musik, Olympiade, Bonbon, Manager, Training, Taille, Chance, Foul, Dessert, Computer, Demokratie, Cousin, Fan, Stadion

Englisch	Französisch	Griechisch
_____	_____	_____
_____	_____	_____
_____	_____	_____
_____	_____	_____
_____	_____	_____

b Verwende die Fachwörter aus Aufgabe a in Wortgruppen. Schreibe ins Heft.

c Ordne die folgenden Beispiele den Kategorien zu. Ergänze zu jeder Kategorie mindestens ein weiteres Fremdwort.

Athletik, Bouillon, Fasson, Roboter, Philosoph

Kategorie	Beispiele
Sport	_____
Wissen	_____
Essen	_____
Technik	_____
Mode	_____

3 Fremdwörter haben oft markante Kennzeichen.

a Untersuche die Wörter auf Fremdwort-Suffixe und markiere sie.

die Demontage, die Jalousie, der Ingenieur, das Archiv, die Manipulation, die Margarine, die Drogerie, der Terrier, die Perfektion, die Anatomie, die Explosion, der Portier, die Aktion

b Finde zu jedem Suffix ein eigenes Beispiel und schreibe es auf.

_____

_____

_____

c Finde Fremdwörter mit dem Suffixe -*age* und schreibe sie hinter die Umschreibung.

1. Durchgang, Durchfahrt – Pa_____

2. Berichterstattung – Re_____

3. Stockwerk – Et_____

4. Raum zum Unterbringen von Autos – Ga_____

5. Frachtraum eines Schiffes – To_____

6. Gepäck, Gesindel – Ba_____

7. Behandlung zur Lockerung von Muskeln – Ma_____

8. Verpackung – Ka_____

9. Zusammenstoß, Streit – Ka_____

10. gezielte Störung eines Ablaufs – Sa_____

d Formuliere zu jedem Fachwort/Fremdwort einen Satz. Schreibe ins Heft.

4 Wiederhole die Bedeutung von häufig vorkommenden Präfixen in Fremdwörtern.
Ergänze die Tabelle. Orientiere dich am Beispiel.

Präfixe	Bedeutung	Beispiele
mikro-	*klein*	*der Mikroorganismus, mikroskopisch, der Mikronährstoff*
auto-		
sub-		
post-		
mono-		

Präfixe	Bedeutung	Beispiele
anti-		
pro-		
bi-		
hydro-		
chrono-		

Tipp
Diese Wörter kennen
die Dachdecker.

5 In manchen Berufen findet man einen speziellen Fachwortschatz, der für Laien nicht ohne Weiteres verständlich ist. Recherchiere die Bedeutung folgender Wörter und schreibe sie auf.

der First:

die Kehle:

die Gaube:

die Traufe:

der Giebel:

der Ortgang:

die Dachhaut:

die Pfetten:

die Sparren:

6 Auch Beschäftigte im Forstdienst haben einen ganz eigenen Wortschatz. Recherchiere dazu im Internet und finde typische Fachwörter dieser Berufsgruppe mit entsprechender Bedeutung heraus.

Satzbau und Zeichensetzung

Bau des einfachen Satzes

lateinische Bezeichnung	deutsche Bezeichnung	Frage	Beispiel
Subjekt	Satzgegenstand	Wer? Was?	*Die Lehrkraft*
Prädikat	Satzaussage	Was wird ausgesagt?	*hält*
Objekt	Ergänzung		
– Dativobjekt	– im 3. Fall	Wem?	*uns*
– Akkusativobjekt	– im 4. Fall	Wen? Was?	*einen Vortrag.*
– Präpositionalobjekt	– mit Präposition	Womit? …	*Sie befasst sich <u>mit dem Betriebspraktikum</u>.*
– Genitivobjekt	– im 2. Fall	Wessen?	*Sie erinnert sich <u>eines interessanten Vorfalls</u>.*
Adverbialbestimmung	Umstandsbestimmung		*Der Schülerpraktikant arbeitet*
– Temporalbestimmung	der Zeit	Wann? Wie lange? …	*heute* / *den ganzen Tag*
– Lokalbestimmung	des Ortes	Wo? …	*in der Werkstatt.*
– Kausalbestimmung	des Grundes	Warum? Wozu? …	*<u>Wegen eines Berichts</u> arbeitet er*
– Modalbestimmung	der Art und Weise	Wie?	*<u>mit Schreibblock.</u>*
Attribut (Satzgliedteil)	Beifügung	Was für ein(e)?	*<u>Seine</u> Notizen über <u>besondere</u> Arbeitsschritte <u>des Ausbildungsberufs</u> sind wichtig.*

1 Untersuche die Satzglieder in folgenden Sätzen.

a Ermittle die Anzahl der Satzglieder mithilfe der Umstellprobe. Trenne die Satzglieder durch Schrägstriche ab und schreibe die Anzahl in Klammern.

1 Seit Jahren / suchen / in Deutschland / viele Handwerksbetriebe / gut ausgebildete Handwerker.   **2** Schulabgänger/-innen sollten sich deshalb für eine handwerkliche Ausbildung in verschiedenen Branchen entscheiden. (___)

3 In vielen Schulen beginnt die Berufswahl bereits ab der 7. Klasse. (___)

4 Die Jugendlichen erhalten auf interessante Weise Einblicke in die Anforderungen der Berufswelt. (___)   **5** In Thüringen können sich seit Kurzem Schülerinnen und Schüler in den Klassenstufen 8 und 9 mit vier von ihnen gewählten Berufen genauer vertraut machen. (___)   **6** Dazu gehen sie im zweiten Schulhalbjahr jeweils einen Tag in der Woche in einen Praktikumsbetrieb. (___)   **7** Mit dem

zweiwöchigen Praktikum kann man dann in Klasse 10 die Berufswahl

konkretisieren. (___)

b Stelle die Sätze in Aufgabe 1a so um, dass jeweils das Subjekt des Satzes an erster Stelle steht. Schreibe den jeweiligen Satzanfang mit der gebeugten Verbform des Prädikats auf. Unterstreiche das Subjekt.

1 Viele Handwerksbetriebe suchen …

<table>
<tr><td></td></tr>
<tr><td></td></tr>
<tr><td></td></tr>
<tr><td></td></tr>
<tr><td></td></tr>
</table>

Tipp
Es sind insgesamt 4 Präpositionalobjekte enthalten.

c Ermittle in den Sätzen der Aufgabe 1a die Präpositionalobjekte. Notiere die Wortgruppe, unterstreiche die Präpositionalobjekte und ergänze den Fall.

sich für eine handwerkliche Ausbildung entscheiden (Akkusativ),

Tipp
Es sind insgesamt 3 Lokalbestimmungen und 9 Attribute enthalten.

d Ermittle die Lokalbestimmungen in den Sätzen der Aufgabe 1a und unterstreiche sie.

e Ermittle die Attribute in den Sätzen aus Aufgabe 1a und markiere sie.

2 Bilde mithilfe der Satzglieder verschiedene Sätze, indem du jeweils die erste Satzgliedstelle veränderst. Schreibe ins Heft und bestimme alle Satzglieder.

1 in den Berufsalltag / detaillierte Einblicke / gewinnen / Jugendliche / bei einem Praktikum

2 langfristig / sie / für einen passenden Beruf / entwickeln / ein Gespür

3 der jungen Menschen / Ausbildungsbetriebe / von den Ideen / profitieren

4 am Ende / alle Beteiligten / neue Einsichten / gewinnen

2 Nutze die Abkürzungen: S = Subjekt, P = Prädikat, DO = Dativobjekt, AO = Akkusativobjekt, PO = Präpositionalobjekt, LB = Lokalbestimmung (Adverbialbestimmung des Ortes), TB = Temporalbestimmung (Adverbialbestimmung der Zeit), KB = Kausalbestimmung (Adverbialbestimmung des Grundes), MB = Modalbestimmung (Adverbialbestimmung der Art und Weise), A = Attribut

Bau des zusammengesetzten Satzes

Die Satzreihe (Die Parataxe)

Zusammengesetzte Sätze bestehen aus zwei oder mehreren Teilsätzen. Sind die Teilsätze Hauptsätze und damit gleichrangig, bilden sie eine **Satzreihe** (Satzverbindung), auch **Parataxe** genannt. Hauptsätze erkennt man daran, dass die finite (gebeugte) Verbform an zweiter Satzgliedstelle steht. Hauptsätze lassen sich **unverbunden** aneinanderreihen oder mit einer nebenordnenden **Konjunktion** oder einem **Adverb** verbinden, z.B.:
Der Hirschkäfer ist ein bedrohtes Tier, es gibt nicht mehr viele.
Der Hirschkäfer ist ein bedrohtes Tier, aber es läuft eine Rettungsaktion.
Der Hirschkäfer ist ein bedrohtes Tier, deshalb müssen wir ihn schützen.
Hauptsätze werden durch **Komma** voneinander getrennt, es sei denn, sie sind durch *und* oder *oder* verbunden, z.B.:
Manche Tiere sind vom Aussterben bedroht(,) und das hat viele Gründe.
Man vermeidet Fehler, wenn man Teilsätze immer durch **Komma** abgrenzt.

1 Untersuche die folgenden Satzreihen (Parataxen).

a Ermittle, welche Hauptsätze verbunden und welche unverbunden nebeneinanderstehen. Notiere die entsprechende Nummer des Satzes. Markiere jeweils die Bindewörter.

verbunden: _____

unverbunden: _____

1 Der Hirschkäfer steht auf der Roten Liste, denn unser größter heimische Käfer ist stark gefährdet.

2 Er liebt nicht nur lichte und warme Eichenwälder, sondern er fühlt sich auch auf Streuobstwiesen wohl.

3 In Thüringen ist der imposante Käfer z.B. im Bereich des Kyffhäusers anzutreffen, aber er hält sich auch rund um Eisenach auf.

4 Der Landschaftspflegeverband Eichsfeld-Hainich-Werratal e.V. setzt sich für den Schutz des Hirschkäfers ein, und er unterstützt verschiedene Projekte rund um das Tier.

5 So wird von ihm die Hirschkäfermeldeaktion unterstützt, außerdem trägt er durch Aufklärung zum umsichtigen Bewegen in der Natur bei.

6 Leider nimmt die Meldung toter Hirschkäfer zu, denn sie fallen den dicht besiedelten Gebieten in unserem Land zum Opfer.

7 Aufmerksame Naturschützer melden den Fund eines Käfers, jedoch kann man den Hirschkäfer mit anderen Käfern verwechseln, z.B. mit dem Nashornkäfer.

8 Ein Artensteckbrief hilft beim Vermeiden von Verwechslungen, oder man wendet sich z. B. an den NABU des jeweiligen Bundeslandes.

9 Fotos von Tieren sind dabei von Nutzen, zusätzlich sollte man Angaben etwa zum Fundort und zur Anzahl der Tiere machen.

10 Für uns Menschen ist der Wald eine Erholungsquelle, lassen wir sie nicht für uns und unsere „Mitbewohner" versiegen.

●●● **b** Bestimme die Bindewörter in den Sätzen von Aufgabe a und begründe, in welchen Sätzen das Komma weggelassen werden kann. Schreibe ins Heft.

2 Bilde aus den einfachen Sätzen eine Satzreihe. Entscheide, ob du die Hauptsätze verbunden oder unverbunden aneinanderreihst. Setze die notwendigen Kommas.

1 Der Naturschutzbund Deutschland e.V. (NABU) ist schon 125 Jahre alt. Er wurde bereits 1899 von Lina Hähnle als „Bund für Vogelschutz" gegründet.

_____

_____

2 Der NABU ist somit der älteste Umweltverband in Deutschland. Mit mehr als 940 000 Mitgliedern und Förderern ist er der mitgliederstärkste.

_____

_____

3 Seine Mitglieder setzen sich für den Erhalt von Lebensräumen ein. Sie engagieren sich für Artenvielfalt und eine gesunde Umwelt.

_____

_____

4 Seit 1982 gibt es die NAJU (Naturschutzjugend im NABU). Sie ist eine unabhängige Jugendorganisation mit deutschlandweit über 100 000 Mitgliedern.

_____

_____

5 Insgesamt hilft der NABU direkt vor Ort. Er entwickelt auch Lösungen für die Natur- und Klimakrise.

_____

_____

2 Du kannst zum Verbinden z. B. folgende Konjunktionen nutzen:
und, denn, außerdem, oder, aber.

Das Satzgefüge (Die Hypotaxe)

Ein **Satzgefüge** besteht mindestens aus einem **Hauptsatz** (Hs) und einem untergeordneten **Nebensatz** (Ns), die durch **Komma** voneinander getrennt werden. Den Nebensatz erkennt man an folgenden Merkmalen:

Er beginnt meist mit einem **Einleitewort**:
* einer Konjunktion, z. B.: *weil, dass, als, wenn, ob, obwohl,*
* einem Fragepronomen, z. B.: *wo, wie, was, warum* oder
* einem Relativpronomen, z. B.: *der, die, das, welcher.*

Die **finite Verbform** steht an letzter Satzgliedstelle, z. B.:
Sie freut sich, dass sie bald Geburtstag hat. Hs, Ns.
Wen sie einladen sollte, wusste sie nicht. Ns, Hs.
Der Kuchen, den sie mag, steht bereit. Hs (Teil 1), Ns, Hs (Teil 2).
In den meisten Fällen besteht eine **Abhängigkeit 1. Grades**, z. B.:
Es erstaunte nicht, dass der Waldkauz zum Vogel des Jahres gewählt wurde.
Hs, **Ns 1. Grades**

Ist in **mehrfach zusammengesetzten Sätzen** einem Nebensatz 1. Grades ein weiterer Nebensatz untergeordnet, spricht man von einem **Nebensatz 2. Grades**, z. B.: *Der Waldkauz ist interessant, weil er sein ganzes Leben in der gleichen Umgebung, die er am liebsten nachts erkundet, verbringt.*
Hs, **Ns 1. Grades (Teil 1), Ns 2. Grades, Ns 1. Grades (Teil 2)**.
In mehrfach zusammengesetzten Sätzen kann es auch **Nebensätze 3. oder 4. Grades** geben.

1 Untersuche die folgenden Satzgefüge.

a Ermittle die Nebensätze, markiere jeweils das Einleitewort und unterstreiche die finite Verbform. Ergänze in den Sätzen 3 bis 8 die fehlenden Kommas.

1 Der Waldkauz, der 2017 zum Vogel des Jahres gewählt wurde, ist die häufigste unserer heimischen Eulenarten.

Hs (Teil 1), Ns (1. Grades), Hs (Teil 2)

2 Die Vielseitigkeit der Nahrung sichert den Kauzbestand, weil er außer Mäusen und Ratten auch Regenwürmer, junge Hasen und Vögel in der Größe von Tauben verspeist.

Achtung, Fehler!

3 Da der Waldkauz sein Leben lang möglichst in derselben Umgebung verbringt muss er flexibel in dem Nahrungserwerb sein.

4 Der Waldkauz ist auch deshalb ein Gewöhnungstier weil er in Dunkelheit schlecht sieht sodass er sich in seinem Lebensraum auskennen muss.

5 Er verlässt sich sehr stark auf sein Gehör wenn er auf Beutesuche ist.

_____

6 Der Gesichtsschleier wirkt dabei schallverstärkend da seine Ohren unter dem Federkleid versteckt sitzen.

_____

7 Dass der Waldkauz fast lautlos fliegen kann verdankt er seinen aerodynamisch gut geformten Flügeln.

_____

8 Wenn man einen Kauz am Tag beobachtet hat er meist seine Augen geschlossen da es nicht seine bevorzugte Zeit ist.

_____

Tipp
Orientiere dich am Merkkasten S. 69.

Achtung, Fehler!

b Notiere unter jedem Satzgefüge das Satzschema.

2 Untersuche folgende Satzgefüge.

a Ermittle die Nebensätze, markiere jeweils das Einleitewort und unterstreiche die finite Verbform. Setze die fehlenden Kommas.

1 Der Blaue Engel ist eines der bekanntesten Umweltzeichen welches auf vielen

umweltfreundlichen Produkten zu finden ist. (_____)

2 Ob ein Produkt dieses Zeichen erhält legt eine Jury aus 16 Mitgliedern fest.

(_____)

3 Wo das Umweltpotenzial eines Produktes liegt muss von der Jury genau

bestimmt werden. (_____)

4 Das Umweltbundesamt erarbeitet Kriterien die dann der Jury vorgelegt werden.

(_____)

5 Nachdem ein Produkt das Umweltzeichen erhielt wird es in regelmäßigen

Abständen überprüft. (_____)

6 Wenn es nicht mehr den Kriterien entspricht wird das Zeichen aberkannt.

(_____)

2 b Man unterscheidet nach der Art ihrer Einleitewörter folgende Nebensätze:
Konjunktionalsatz, Relativsatz, Fragewortsatz.

7 Wer umweltfreundlich einkaufen will hat sicherlich mit dem Blauen Engel eine

gute Orientierung. (_____)

b Bestimme anhand des jeweiligen Einleitewortes die Art des Nebensatzes und
schreibe sie hinter den jeweiligen Satz.

3 Untersuche die folgenden Satzgefüge.

Tipp
Es können mehrere
Nebensätze im
Satzgefüge vorkom-
men.

a Bestimme die Nebensätze und markiere das Einleitewort, wenn es eines gibt. Setze
die fehlenden Kommas.

1 Seit Jahren verbreitet sich unter den Vogelarten eine Krankheit die sich

Vogelgrippe nennt. (_____*Hs, Ns 1. Grades*_____)

Achtung, Fehler!

2 Wie sich die Krankheit so schnell über die Kontinente verbreiten konnte ist noch

unklar. (_____)

3 Die einen Wissenschaftler vermuten dass die

Zugvögel das Virus einschleppen; die anderen sehen

die Schuld beim Handel der lebende Tiere, Eier und

Geflügelprodukte in der Welt verbreitet.

(_____)

4 Der NABU fordert schon seit Langem dass man die

Handelswege genauer untersuchen sollte damit man

die Freilandhaltung von Nutzvögeln wie Hühnern und

Enten beibehalten kann. (_____)

5 Ist die Vogelgrippe bereits ausgebrochen sind eindämmende Maßnahmen wie

Stallpflicht oder die Tötung ganzer Bestände notwendig. (_____)

6 Das Auffinden der Ursache des Virus ist auch deshalb so wichtig weil diese

Kenntnisse auch die Wildvögel die ebenfalls bedroht sind schützen können.

(_____)

Tipp
Orientiere dich am
Merkkasten S. 69.

b Notiere hinter jedem Satz das Satzschema. Achte besonders auf den Grad der
Abhängigkeit der Nebensätze.

Das Satzgefüge (Die Hypotaxe)

1 In den Satzgefügen fehlt jeweils das Einleitewort.

a Setze passende Einleitewörter ein. Wähle aus der Wortliste aus.

Wortliste
weil / dass / da / die / welche / wie

1 In Brandenburg findet man eine Vogelart, _____ man Wiesenralle oder Wiesenknarrer nennt.   **2** Das ist bemerkenswert, _____ dieser Vogel sehr selten anzutreffen ist.   **3** Der Vogel liebt großflächige Wiesen, _____ bis in den Spätsommer nicht gemäht werden sollten.   **4** _____ die Wiesenralle sehr versteckt lebt, weiß man nicht genau, _____ viele Brutpaare es wirklich gibt.   **5** Dem scheuen Tier wird leider das Verbreiten erschwert, _____ durch die wirtschaftliche Nutzung der Wiesen ihr Lebensraum erheblich eingeschränkt ist.

b Ermittle jeweils den Nebensatz und unterstreiche die finite Verbform am Ende. Markiere die Kommas farbig.

2 Bilde aus zwei einfachen Sätzen jeweils ein Satzgefüge. Notiere alle Sätze auf den Schreibzeilen und setze die nötigen Kommas. Unterstreiche jeweils die Nebensätze.

1 Der Europäische Biber ist ein Tier. Der Biber bringt den Auen ihre Natürlichkeit zurück.   *Der Europäische Biber ist ein Tier, das* _____

_____

2 Der Biber errichtet seine Burgen an den Ufern unterschiedlicher Gewässer. Er verbessert den Hochwasserschutz.

_____

_____

3 Der Biber fördert die Artenvielfalt. Das Pflanzen von Weichholzarten dient auch anderen Tieren als Lebensraum.

_____

_____

4 Vielen ist der Biber aber ein Dorn im Auge. Er nagt an Bäumen oder ernährt sich von Mais und Getreide.

_____

_____

2 Wähle aus folgenden Einleitewörtern aus:
weil, wodurch, damit, da.

Die wichtigsten Kommaregeln im Überblick

In **einfachen Sätzen** muss ein **Komma** gesetzt werden bei:

1 Aufzählungen von Wörtern und Wortgruppen, wenn diese nicht durch *und, oder, sowie, sowohl … als auch …, weder … noch …* verbunden sind, z. B.: *Wir fuhren an vielen Flüssen, Seen, Wäldern, Wiesen und Feldern vorbei.*

2 nachgestellten Erläuterungen (auch in Form von Datumsangaben und Appositionen), z. B.: *Am Montag, dem 15. August, kamen wir am Zielort an.*

3 Infinitivgruppen (erweiterte Infinitive mit *zu*), wenn die Infinitivgruppe
a durch Wörter wie *um, ohne, (an)statt, außer* oder *als* eingeleitet ist, z. B.:
   Ich kehrte, ohne oft geduscht zu haben, von der Reise zurück.
b sich auf ein Nomen/Substantiv bezieht, z. B.: *Er hatte den Traum, die Niagara-fälle zu sehen.*
c sich auf Wörter wie *daran, darauf* oder *es* bezieht, z. B.: *Ihr ging es darum, möglichst lange zu schwimmen.*

4 Partizipgruppen, wenn sie als nachgestellte Erläuterung auftreten, z. B.: *Wir saßen am Ufer, müde den Abend genießend. Der Bach, leise plätschernd, gefiel uns.*

In **zusammengesetzten Sätzen** muss ein **Komma** gesetzt werden:

5 in **Satzgefügen** zwischen Nebensätzen und Hauptsätzen, z. B.: *Als ich den See sah, der ruhig und klar vor uns lag, freute ich mich.*

6 in **Satzreihen** zwischen gleichrangigen Hauptsätzen, wenn diese nicht durch *und, oder, sowie* verbunden sind, z. B.: *Ich wollte sofort im See baden, aber das hätte zu lange gedauert (,) und so fuhren wir weiter.*

Man vermeidet Fehler, wenn man zwischen **Teilsätzen** immer ein Komma setzt.

Achtung, Fehler!

1 Die folgenden Sätze enthalten Infinitivgruppen. Unterstreiche sie und setze die fehlenden Kommas.

1 Um zu überleben braucht der Mensch sauberes Wasser.

2 Wasser dient als Transportmittel um Mineralstoffe und Salze in unsere Zellen zu schleusen.

3 Im Sommer hilft das Wasser in unserem Körper dabei durch Schwitzen die Körpertemperatur zu regulieren.

4 Deshalb sollten wir anstatt süße Getränke zu uns zu nehmen auf pures Wasser oder Schorlen zurückgreifen.

5 Ohne ausreichend zu trinken bringen wir uns gesundheitlich in Gefahr.

6 Es ist also angeraten regelmäßig kleinere Mengen von Wasser über den Tag verteilt zu sich zu nehmen.

Achtung, Fehler!

2 Folgende Sätze enthalten vorangestellte und nachgestellte Partizipgruppen.

a Lies die Sätze und markiere die Partizipgruppen.

1 Sinnvolle Maßnahmen ergreifend kann man den Wasserverbrauch in Deutschland senken.

2 Trockene Agrarflächen sollte man sparsam bewässern beispielsweise Brauchwasser nutzend.

3 Flächen begrünt durch Bäume und Sträucher dienen als natürlicher Wasserspeicher.

4 Gebäude und öffentliche Räume verschattend ist dies eine weitere Maßnahme zur Kühlung der Umgebung.

5 Zur sinnvollen Wassernutzung beitragend kann man auch in Privathaushalten auf den Wasserverbrauch achten.

6 Ein Vollbad angefüllt mit ca. 150 Litern Wasser sollte man nur selten nehmen.

7 Auf volle Geschirr- oder Waschmaschinen achtend kann man ebenfalls zur sorgsamen Nutzung des Wassers beitragen.

b Umkreise jeweils das Partizip, mit dem die Partizipgruppe gebildet wurde.

c Setze die fehlenden Kommas bei allen nachgestellten Partizipgruppen.

d Entscheide, ob du die vorangestellten Partizipgruppen ebenfalls durch Komma abgrenzen möchtest, um die Gliederung des Satzes sichtbar zu machen.

Tipp
Ist die nachgestellte Erläuterung eingeschoben, musst du zwei Kommas setzen.

Tipp
Achte bei den nachgestellten Erläuterungen auf den richtigen Fall.

3 Bilde Sätze mit einer nachgestellten Erläuterung. Überlege dir zu den unterstrichenen Substantiven selbst eine kurze Erklärung. Setze die Kommas.

1 Wasser ist nicht überall auf der Welt im Überfluss vorhanden.

Wasser, unser wichtigstes Lebensmittel, ist nicht überall auf der Welt

im Überfluss vorhanden.

2 In Deutschland gibt es ca. 10 000 Kläranlagen.

3 Sie säubern das Wasser von verschiedenen Verunreinigungen.

4 Problematisch ist das Herausfiltern von Medikamentenrückständen und Chemikalien.

5 Das Vermeiden von Verschmutzungen hat oberste <u>Priorität</u> in Bezug auf die Wasserqualität.

_____

_____

_____

6 Aber auch die <u>Quantität</u> muss zukünftig in den Mittelpunkt gerückt werden.

_____

_____

7 In den Trockenjahren 2018 und 2019 war es notwendig, die <u>Wasserverfügbarkeit</u> zu regulieren.

_____

_____

_____

4 In folgenden Sätzen fehlen die Kommas.

Achtung, Fehler!

a   Setze die fehlenden Kommas.

1 Eine einzigartige und vielfältige Tier- und Pflanzenwelt siedelt sich heute in Gebieten an die früher einen anderen Zweck erfüllten.   **2** Kiesgruben und Abbauhalden Natur aus zweiter Hand genannt erschaffen durch Renaturierung eine ganz eigene Welt.   **3** Bekannt dafür ist ein Naturschutzgebiet in Niedersachsen die Liebenauer Gruben bei Nienburg.   **4** Dort ist wieder der seltene Fischadler anzutreffen dessen Horst von einem Beobachtungsturm aus mit einem Fernglas gut einsehbar ist.   **5** Wenn man Glück hat kann man den Fischadler auch bei der Jagd erwischen.   **6** Früher waren die Wiesen und Äcker durch den Kiesabbau zerstört heute entstehen an den Ufern der Weser natürliche Auwälder.   **7** Die Landschaft der Liebenauer Gruben ist einzigartig denn sie ist durchzogen von vielen Inseln.   **8** Die Inseln dienen den Wasservögeln als ungestörte Brutplätze so z. B. für den Flussregenpfeifer.   **9** Im Jahr 2020 hat man 127 Vogelarten gesichtet darunter auch seltene Arten.   **10** Neuntöter und Dorngrasmücke sind dort heimisch da sie in den trockenen Wiesen ein Quartier gefunden haben.

Tipp
Orientiere dich am Merkkasten S. 73. Es kann mehr als eine Kommaregel zu beachten sein.

b   Bestimme in den Sätzen aus Aufgabe a die Kommaregel und notiere sie im Heft.
Satz 1: Satzgefüge (Hs, Ns)
Satz 2: ...

3 Du kannst aus folgenden Erläuterungen auswählen:
nämlich ziemlich viele / insbesondere von giftigen Stoffen / insbesondere bei Wirkstoffkombinationen / und zwar ausnahmslos / nämlich der Umfang der Verschmutzungen / und zwar sehr streng.

Die Kommasetzung

Tipp
Orientiere dich am Merkkasten auf S. 73.

1 Folgende Sätze enthalten Infinitivgruppen. Unterstreiche die Infinitivgruppe und markiere die Wörter, die das Komma erforderlich machen.

1 Die Menschen nutzen die Natur, <u>um sich zu erholen</u>.   **2** Anstatt zu Hause zu hocken, dient der regelmäßige Aufenthalt in der Natur der Gesunderhaltung des Menschen.   **3** Man sollte sich bei jedem Wetter in der Natur aufhalten, um sich abzuhärten.   **4** Kinder sind besonders daran interessiert, die heimische Tier- und Pflanzenwelt zu entdecken.   **5** So lernen sie mit allen Sinnen, um sich zu entwickeln.

2 Zusammengesetzter oder einfacher Satz?

a Ermittle und unterstreiche jeweils die Subjekte einfach und die finiten Verbformen doppelt. Markiere, wenn vorhanden, die Verbindungswörter.

1 <u>Alexander von Humboldt</u> <u>war</u> ein deutscher Universalgelehrter, der sich mit seinen Forschungsreisen einen Namen gemacht hat.

zusammengesetzter Satz (Hs, Ns) _____

2 Wegen seines großen Wissensdrangs reiste er bis nach Südamerika.

_____

3 Aufgewachsen ist Alexander in einem preußischen Elternhaus wo er und sein Bruder Wilhelm eine ausgezeichnete Bildung und Erziehung genossen.

_____

4 Diese Grundlagen kamen ihm auf seinen Forschungsreisen zugute.

_____

5 Insbesondere für naturwissenschaftliche Zusammenhänge entwickelt Alexander ein besonderes Gespür weshalb seine Forschungen bis heute bedeutsam sind.

_____

6 Auf seiner Amerikareise kartiert er die Landschaft und sammelt Pflanzen Steine und anderes was er kistenweise nach Europa schaffen ließ.

_____

7 Seine Reisen finanzierte er mit seinem Erbe aber er unterstützte auch Künstler

wie Justus Liebig. _____

Tipp zu b
Beachte bei der Kommasetzung, dass ein Satz eine Aufzählung enthält.

b Notiere jeweils, ob es sich um einen einfachen oder einen zusammengesetzten Satz handelt und setze die Kommas zwischen den Teilsätzen.

c Bestimme bei den zusammengesetzten Sätzen die Teilsätze (Hauptsatz oder Nebensatz) und notiere das Satzbild in Klammern.

Das Semikolon

> Das **Semikolon** (der Strichpunkt) kann **zwischen gleichrangigen Wortgruppen oder Sätzen** stehen, wo der Punkt zu stark, das Komma zu schwach abtrennen würde, z. B.:
>
> *Man kann sich eigentlich nicht vorstellen, dass sich jemand bei einem Ausflug in die Natur langweilt; sicherlich kann man viele interessante Beobachtungen machen.*
>
> Das Semikolon kann auch verwendet werden, um **zusammengehörige Gruppen in Aufzählungen** zu markieren, z. B.:
>
> *Ein Ausflug in die Natur erfreut viele Menschen, besonders durch:*
> * *die Vielzahl von Pflanzen, die es dabei zu sehen gibt;*
> * *die gute Luft im Wald und auf Wiesen;*
> * *das Entdecken von Käfern und Insekten.*

1 Lies folgende Sätze .

Tipp
Orientiere dich am
Merkkasten.

a   Überlege, an welchen Stellen anstatt des Kommas ein Semikolon stehen sollte. Markiere die Stellen in den Sätzen 1 bis 3.

1 Alexander von Humboldt ist als herausragender Naturwissenschaftler, als abenteuerlicher Weltreisender, als ein Liebhaber der schönen Künste bekannt, manches entstand allerdings auch in Zusammenarbeit mit seinem Bruder Wilhelm.

2 In seiner Kindheit und Jugend zeigte er sich lernunwillig und unfähig, trotzdem wurde er in den gleichen Fächern unterrichtet, die auch sein zwei Jahre älterer Bruder gelehrt bekam, beide Jungen erhielten eine gute Bildung.

3 Alexanders Interesse an der Natur und ihren Zusammenhängen zeigte sich recht früh, insbesondere durch das Sammeln von Pflanzen, Steinen und Insekten, das Bestimmen, Ordnen und Etikettieren seiner Fundstücke, das Entwerfen von Karten zum Planetensystem.

Achtung, Fehler!

4 Auf seinen späteren Reisen in Südamerika erforschte er die Pflanzen- und Tierwelt sammelte bestimmte und systematisierte seine Funde kartierte Flussläufe und Landschaften er widmete sich aber auch Infektionskrankheiten, wie dem Gelbfieber.

5 Alexander von Humboldt betrachtete die Welt als Ganzes so war er nicht nur Naturwissenschaftler durch und durch sondern auch Schöngeist und Kosmopolit.

b   Lies noch einmal die Sätze 4 und 5. Entscheide, wo du ein Komma und wo ein Semikolon setzen würdest. Setze die fehlenden Satzzeichen.

2 Komma oder Semikolon? Markiere die Kommas, die du eher durch ein Semikolon ersetzen würdest. Orientiere dich am Merkkasten.

1 Wenn man Pflanzen haltbar machen möchte, bietet sich das Erstellen eines Herbariums an.   **2** Hierzu sammelt man die entsprechenden Pflanzen, man presst und trocknet sie vorsichtig am besten in schweren Büchern, man klebt sie nach dem Trocknen auf sauberes unliniertes Papier.   **3** Man kann die Pflanze in ihrer Gesamtheit zeigen, aber oftmals sind bestimmte Details von Interesse und Bedeutung.   **4** Jede Pflanze wird schriftlich mit bestimmten Informationen versehen, um den Fund zu dokumentieren, die Inhalte lassen sich im Internet recherchieren.

Die Zeichensetzung beim Zitieren

1 Wiederhole die Regeln der Zeichensetzung beim Zitieren.

> Ein **Zitat** ist die wörtliche Wiedergabe einer Textstelle in einem anderen Text, z. B. in einer Facharbeit oder einem Vortrag.
>
> Ein **direktes (wörtliches) Zitat** muss buchstabengetreu übernommen und in **Anführungszeichen** gesetzt werden. Auslassungen werden durch eckige Klammern mit drei Punkten gekennzeichnet. Das Zitat sollte mit einem **einleitenden Satz** in den eigenen Text eingebunden werden, z. B.:
>
> *Ian Mortimer stellt in der Einleitung seines Buches die Frage „Was fällt uns wohl zuerst auf, wenn wir das England Shakespeares besuchen?" (Mortimer, 2020, S. 16).* (wörtliches Zitat)
>
> *Ian Mortimer schreibt, es werden wohl „die Gerüche in den Städten" sein (Mortimer, 2020, S. 16).* (teilweise wörtliches Zitat)
>
> Ein **indirektes (nicht wörtliches, sinngemäßes) Zitat** ist die sinngemäße Wiedergabe von Gedanken anderer. Indirekte Zitate können durch die Verwendung des Konjunktivs I oder entsprechende Begleitsätze gekennzeichnet werden, z. B.: *Ian Mortimer schreibt in seinem Buch, der Historiker sei immer der Vermittler, er erleichtere der Leserschaft das Verständnis der Vergangenheit (vgl. Mortimer, 2020, S. 20).*
>
> Bei beiden Zitierformen ist eine **Quellenangabe** erforderlich.

2 Übe das direkte und indirekte Zitieren aus Texten. Schreibe ins Heft oder am Computer.

a Lies zunächst den folgenden Text über die Erzeugung von Solarstrom.

Kraftwerk auf dem Dach

S. 36

Trotz stark gekürzter Förderung macht sich eine Photovoltaik-Anlage auf dem Dach des Eigenheimes noch immer schnell bezahlt. Allerdings ist es heute nicht mehr damit getan, selbst erzeugten Sonnenstrom einfach ins öffentliche Netz einzuspeisen. Gute Gewinne macht in erster Linie, wer möglichst viel davon selbst
5 verbraucht. Mithilfe eines Stromspeichers lässt sich der Eigenverbrauch noch steigern, denn dieser liefert auch dann Solarstrom, wenn die Sonne einmal nicht scheint. Steigende Stromkosten und sinkende Preise bei Solarmodulen und Speichersystemen erhöhen die per Photovoltaik erzielbare Rendite noch.

S. 37

[…] Eine Photovoltaik-Anlage mit fünf Kilowatt Spitzenleistung erntet übers Jahr
10 gerechnet im Schnitt rund 4500 Kilowattstunden Solarstrom und damit in etwa den Jahresverbrauch eines Vier-Personen-Haushaltes. Da jedoch die Zeiten zwischen Produktion und Verbrauch auseinanderklaffen, lässt sich nur ein geringer Teil des erzeugten Solarstromes auch selbst verbrauchen. Denn in den Wintermonaten läuft die Stromproduktion vom Dach auf Sparflamme, des Nachts
15 kommt sie gänzlich zum Erliegen. „Ohne zusätzliche Maßnahmen sind 25 bis 30 Prozent Eigenverbrauch drin", erläutert Energie-Experte Peters. Legt man jedoch stromzehrende Hausarbeiten wie Geschirrspülen oder Wäschewaschen in Zeiten

mit Sonnenschein, erhöht sich die Eigenquote auf bis zu 40 Prozent. Mit
20 einer elektrischen Wärmepumpe als Heizung lässt sie sich nochmals steigern. Doch damit sind die Möglichkeiten zum Eigenverbrauch auch schon weitgehend ausgereizt. Wer noch mehr herausholen
25 will, braucht einen Solarstromspeicher. Das ist ein Akkusystem in Kühlschrank-Größe, das geladen wird, sobald die Photovoltaik-Anlage mehr Strom produziert, als im Haushalt gerade
30 verbraucht wird. Mit einem solchen Puffer lässt sich das Eigenheim auch dann mit selbst erzeugtem Solarstrom versorgen, wenn das Kraftwerk mangels Sonne außer Betrieb ist. „Mit Speicher
35 lassen sich 60 bis 80 Prozent des selbst erzeugten Stromes nutzen", sagt Peters. Allerdings sind Speichersysteme noch vergleichsweise teuer. Oft kosten sie mehr als die Solaranlage selbst. Doch die Preise fallen. Aribert Peters hält den Zeitpunkt für günstig, in eine eigene Photovoltaik-Anlage zu investieren.

Quelle: Netz, Hartmut: Kraftwerk auf dem Dach. Aus: Naturschutz heute Nr. 1/2017, S. 36–37.

b Gib wichtige Informationen zum Thema Solaranlagen aus dem Text wieder. Formuliere vollständige Sätze und nutze direkte und indirekte Zitate. Gib die Quellen korrekt an. Notiere darunter auch die vollständige Quelle.

– *„Trotz stark gekürzter Förderung", so heißt es im Text gleich zu Beginn, „macht sich eine Photovoltaik-Anlage [...] noch immer schnell bezahlt" (Netz, 2017, S. 36).*

– *Allerdings weist der Autor darauf hin, dass es heute nicht mehr damit getan sei, ... (vgl. ebd.).*

– *...*

3 Recherchiere im Internet unter dem Stichwort „Bundesnetzagentur" Regeln zu den Balkon-Solaranlagen. Notiere wichtige Regeln, nutze dabei direkte und indirekte Zitate. Gib die Quellen korrekt an.

– *„Balkon-Solaranlagen", auch: „Balkonkraftwerk, Balkon-PV, Steckersolargerät oder steckerfertige PV-Anlage" (Bundesnetzagentur 2024. Online im Internet, Abruf: 24.10.2024)*

– *EEG-Regeln gelten (vgl. ebd.), siehe aber: verschiedene Sonderregelungen für, „'Steckersolargeräte', die seit dem Inkrafttreten der EEG-Änderungen durch das ‚Solarpaket' (16. Mai 2024) erstmals in Betrieb genommen werden" (ebd.)*

– *...*

Quelle: Bundesnetzagentur (2024): Balkon-Solaranlagen. Online unter: ..., Abruf: ...)

Satz- und Textgestaltung

Die Ellipse

> Eine **Ellipse** ist ein grammatikalisch unvollständiger Satz, in dem Wörter oder Satzteile weggelassen wurden, den man aber trotzdem verstehen kann, z. B.: *Was nun?* (statt: *Was machen wir nun?*) *Keine Ahnung.* (statt: *Ich habe keine Ahnung.*) Ellipsen findet man häufig im mündlichen Sprachgebrauch. In schriftlichen Texten oder Reden werden Ellipsen genutzt, um eine besondere Wirkung zu erzielen.

1 Untersuche die Ellipsen in folgendem Ausschnitt aus dem Jugendbuch **Aquila** von Ursula Poznanski.

a Finde die Ellipsen im Text und markiere sie.

Mechanisch bestellte sie einen Latte Macchiato. Die Kellnerin lächelte und wollte sich auf den Weg zurück zur Theke machen, doch Nika hielt sie am Arm fest. Fragte sie, ob sie sich noch an Jenny erinnerte, ihre Freundin, mit der sie ein paarmal hier gewesen war. Jedenfalls hoffte sie, dass es das war, was sie fragte.
5 Paola sah ratlos drein. „Jenny?" „Si." Nika versuchte es noch einmal, in einer hilflosen Mischung aus Italienisch, Englisch und Deutsch, bis Paola lachend abwinkte. „Ich erinnere mich an sie", antwortete sie auf Englisch. „Du suchst nach ihr?" „Ja. Hast du sie heute irgendwann gesehen?" Paola dachte nur kurz nach und schüttelte dann energisch den Kopf. „Nein, ganz sicher nicht." „Und …
10 gestern?" „Auch nicht. […] Maybe – vielleicht ist sie ans Meer gefahren. Das machen jetzt viele, es war ziemlich warm die letzten Tage. […]" Sie zog ihr Handy aus einer Tasche ihrer Schürze. „Meine Kollegin, die große schlanke – erinnerst du dich? So blond wie du." Nika nickte benommen. „Ist auch ans Meer gefahren. Hat sich einfach freigenommen und schreibt, sie kommt erst in einer Woche zurück."*

Quelle: Poznanski, Ursula: Aquila. Loewe-Verlag, 2017, S. 38 f.

b Wähle drei Ellipsen aus und formuliere sie zu vollständigen Sätzen aus.

Mittel der Verknüpfung von Sätzen und Teilsätzen

Die Wirkung und Verständlichkeit von Texten hängt wesentlich von der **Satzverknüpfung** ab. Zusammenhänge und Wirkungen entstehen durch:

die **Satzgliedstellung**, z. B. durch die Besetzung des **Vorfeldes** eines Satzes durch ein bestimmtes Satzglied, um etwas hervorzuheben oder aufzugreifen, z. B.: *Jenny* ist vielleicht ans Meer gefahren. *Vielleicht* ist Jenny ans Meer gefahren. *Am Meer* sind jetzt viele. *Viele* sind jetzt am Meer.

spezielle sprachliche Mittel, wie:
• Pronomen, z. B.: *sie, ihre,*
• Adverbien, z. B.: *dann, deshalb, dort, nämlich,*
• Konjunktionen, Relativpronomen, Fragewörter, z. B.: *und, aber, dass, weil; der/die/das, welcher; wie, wer, warum,*
• bedeutungsähnliche Wörter (Synonyme, Ober-/Unterbegriffe), z. B.: *Sie ist vielleicht ans Meer / an die See / an den Strand gefahren.*

die **Verknüpfung** von inhaltlich verbundenen **Sätzen** zu **zusammengesetzten Sätzen** als **Parataxen** (Satzreihen) oder **Hypotaxen** (Satzgefügen), z. B.: *Viele fahren im Sommer ans Meer, sie verbringen dort die heißen Tage. Weil der Sommer heiß ist, fahren viele ans Meer.*

1 Untersuche einen Text auf Mittel der Satzverknüpfung.

a Lies einen weiteren Auszug aus dem Jugendbuch **Aquila** von Ursula Poznanski. Markiere Textstellen, die Mittel zur Satzverknüpfung enthalten.

Metall war das erste Wort, das Nika in den Sinn kam, noch im Halbschlaf. Der Geschmack in ihrem Mund. Als hätte sich dort eine Münze aufgelöst.
Sie schluckte. Nein, das fühlte sich nicht gut an. Ihr Kopf, ihr Magen … war es so wild hergegangen letzte Nacht?
5 Ächzend drehte sie sich zur Seite, stellte mit matter Verwunderung fest, wie schwer ihr das fiel. Und, was schlimmer war, wie übel ihr dabei wurde.
Einatmen. Ausatmen. Es war stickig im Zimmer, der Frühling in der Toskana war so viel wärmer als zu Hause, und garantiert hatte sie beim Heimkommen vergessen, das Fenster zu öffnen. Ein oder zwei Minuten lang kämpfte sie mit dem Gefühl,
10 dass ihr gleich hochkommen würde, was sie gestern gegessen und getrunken hatte, doch dann legte sich die Übelkeit. Mit dem Gefühl, die Schwerkraft kaum überwinden zu können, richtete Nika sich auf.
Sie trug noch ihre Jeans, wieso trug sie beim Schlafen ihre Jeans? Die waren außerdem viel dreckiger als gestern noch und unten am Saum feucht. Genauso
15 wie das Shirt, mit dem sie am Abend aus dem Haus gegangen war. Von ihren Sommerstiefeletten hatte sie nur die rechte ausgezogen; sie lag ein paar Meter entfernt nahe der Zimmertür und sah aus, als wäre sie damit durch Matsch gewatet. Die linke hatte sie immer noch an, entsprechend dreckig war das Fußende des Betts.
20 Mein Gott, in was für einem Zustand war sie gestern beim Nachhausekommen gewesen? Waren sie wieder in einen der Brunnen gestiegen? Das gab dann möglicherweise noch Ärger, die Sieneser Polizei verstand da keinen Spaß.

Sie wollte sich über das Gesicht wischen, das sich verschwitzt anfühlte, hielt aber mitten in der Bewegung inne. Ihre rechte Hand war verbunden. Völlig eingewickelt

25 in den grünen Sommerschal, den sie gestern getragen hatte und der nun fleckig und feucht war.

Warum dieser komische Verband? Hatte sie sich verletzt? [...]*

Quelle: Poznanski, Ursula: Aquila. Loewe-Verlag, 2017, S. 5 f.

b   Bestimme die Art der Satzverknüpfung anhand von mindestens fünf Beispielen und notiere sie. Ergänze auch die entsprechenden Textstellen.

Satzgefüge: „das erste Wort, das [...]" (Z. 1), _____

_____

_____

_____

_____

c   Wähle Sätze aus dem Text aus und erprobe, wie sich die Wirkung verändert, wenn man die Satzgliedstellung (die Vorfeldbesetzung) ändert. Schreibe zwei bis drei Varianten pro Satz auf.

Z. 7: Im Zimmer war es _____

_____

_____

_____

_____

_____

_____

_____

_____

_____

_____

Mittel der Verdichtung und Auflockerung

Um einen Text zu **verdichten** und schwierige Sachverhalte kurz darzustellen, kann man den **Nominalstil** nutzen. Er wird häufig in schriftlichen Texten sowie in der Wissenschafts- und Fachsprache verwendet, zum Beispiel in Facharbeiten. Dabei werden oft Verben nominalisiert/substantiviert oder Ableitungen auf -*ung* verwendet, z. B.: *Das literarische Schreiben kann durch Übung in Kursen erlernt werden.*

Als **Auflockerung** bzw. **Verbalstil** bezeichnet man die der Verdichtung (dem Nominalstil) entgegengesetzte Darstellungsweise. Sie ist vorwiegend ein Mittel der mündlichen Sprache. Dabei werden viele Verben verwendet, vor allem **finite (gebeugte) Verbformen**, z. B.: *Man kann in Kursen lernen und üben, literarische Texte zu schreiben.*

1 Untersuche den Sprachstil eines Textes.

a Lies den folgenden Ausschnitt aus dem Jugendbuch **Nichts** von Janne Teller.

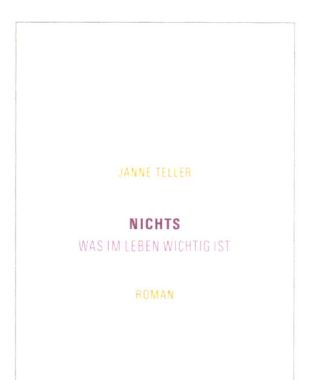

Es war eines Morgens, nachdem Sofie zwei harte Pflaumen unmittelbar nacheinander am Kopf getroffen hatten und sie richtig wütend auf Pierre Anthon geworden war, weil er einfach nur da oben in diesem Baum saß und uns andere entmutigte.
5 „Du sitzt bloß da und gaffst in die Luft. Ist das vielleicht besser?", rief sie.
„Ich gaffe nicht in die Luft", antwortete Pierre Anthon ruhig. „Ich schaue in den Himmel und übe mich darin, nichts zu tun."
„Den Teufel tust du!", schrie Sofie wütend und warf ein Stöckchen nach oben in den Pflaumenbaum zu Pierre Anthon, aber es landete in der Hecke tief unter ihm.
10 Pierre Anton lachte und rief so laut, dass es bis zur Schule zu hören war: „Wenn es etwas gibt, über das es sich lohnt, sauer zu werden, gibt es auch etwas, worüber es sich lohnt sich zu freuen, [...] gibt es auch etwas, was es bedeutet. Aber das gibt es nicht!" Er hob die Stimme noch mehr und brüllte: „In wenigen Jahren seid ihr alle tot und vergessen und nichts, also könnt ihr genauso gut sofort damit
15 anfangen, euch darin zu üben."
Da wurde uns klar, dass wir Pierre Anthon wieder vom Pflaumenbaum herunterholen mussten.*

Quelle: Teller, Janne: Nichts. Was im Leben wichtig ist. Carl Hanser Verlag, 2000, S. 12.

b Notiere, in welchem Stil der Text verfasst ist.

Tipp
Orientiere dich am Merkkasten.

_____

c Markiere Textstellen, die deine Aussage von Aufgabe b belegen. Notiere zwei Beispiele auf den Schreibzeilen.

_____

_____

_____

2 Untersuche den Sprachstil eines weiteren Textes.

a Lies folgenden Text. Notiere den Sprachstil auf der Zeile daneben.

Lesen ist ein Vergnügen, aber auch eine Notwendigkeit

_____

Häufig bekommt man zu hören, dass Lesen keine Rolle im Leben von vielen Menschen spielt. Aber das ist ein Fehler, denn überall werden wir zum Lesen gebracht, sei es am Bahnhof beim Anschauen der Abfahrtsanzeige, beim Orientieren an einem fremden Ort oder beim Googeln im Internet. Ohne das Lesen ist der Mensch stark eingeschränkt. Deshalb dient die Lesefertigkeit dem Bewältigen unseres Alltags.

b Markiere im Text mindestens drei Belege für den verwendeten Sprachstil.

3 Verändere in folgenden Sätzen den Sprachstil.

Tipp
Orientiere dich am
Merkkasten S. 83.

a Lies die Sätze und bestimme den Sprachstil in Klammern dahinter.

1 Für viele ist das Lesen aber auch ein erfüllendes Hobby. (_____)

2 Wenn der Mensch liest, dann eignet er sich Wissen an, kann sich in andere

Welten träumen und lernt, besser im eigenen Leben zurechtzukommen.

(_____) **3** Das Anmelden in einer Bibliothek ist hilfreich, da die

Anschaffung von Büchern sehr kostspielig sein kann. (_____)

4 In der Bibliothek kann man sich nicht nur Bücher ausleihen, sondern sie bietet

auch Spiele, Filme und Musik an. (_____) **5** Kinder erfahren schon früh,

wie unterhaltsam oder spannend Bücher sein können. (_____)

b Wandle jeden Satz in den jeweils anderen Sprachstil um. Schreibe den veränderten Satz auf. Manchmal musst du den Satz dazu etwas ändern.

1 Viele erfüllt es, zu lesen. _____

2 _____

_____

3 _____

_____

4 _____

_____

5 _____

Sprachliche (Stilistische) Mittel

1 Texte lassen sich durch sprachliche (stilistische) Mittel wirksam gestalten.

a Untersuche den Auszug aus dem Jugendbuch **Aquila** (Aufgabe 1a, S. 81–82). Übernimm dazu die Tabelle in dein Heft, notiere je ein Beispiel und beschreibe dessen Wirkung.

Sprachliches (Stilistisches) Mittel	Beispiel (Z. ...)	Wirkung
...		

b In einem anderen Auszug aus dem Jugendbuch **Aquila** (S. 80, Aufgabe 1a) spielen Fragen eine große Rolle. Notiere Beispiele aus dem Text (mit Zeilenangaben) und beschreibe die Wirkung der Fragen. Schreibe ins Heft.

Tipp
Schlage ggf. in deinem Schulbuch nach: Sprachliche (Stilistische) Mittel im Überblick (SB, S. 218–219).

2 Untersuche einen weiteren Jugendbuchauszug. Lies folgenden Text und markiere Beispiele für sprachliche (stilistische) Mittel und beschreibe deren Wirkung im Heft.

Janne Teller

Nichts

„Ohne Schule gäbe es keine Ferien."
Wir lachten. Nicht, weil wir das witzig fanden, sondern weil er es sagte.
Genau da stand Pierre Anthon auf.
„Nichts bedeutet irgendetwas", sagte er. „Das weiß ich schon lange. Deshalb lohnt
5 es sich nicht, irgendetwas zu tun. Das habe ich gerade herausgefunden." Ganz
ruhig bückte er sich und packte die Sachen, die er gerade herausgenommen hatte,
wieder in seine Tasche. Mit gleichgültiger Miene nickte er uns zum Abschied zu
und ging hinaus, ohne die Tür hinter sich zu schließen.
Die Tür lächelte. Es war das erste Mal, dass ich sie das tun sah. Mir kam die
10 angelehnte Tür wie ein breit grinsendes Maul vor, das mich verschlingen würde,
wenn ich mich dazu verlocken ließ, Pierre Anthon nach draußen zu folgen. Wem
lächelte es zu? Mir, uns allen. Ich sah mich in der Klasse um, und die ungemütliche
Stille sagte mir, dass die anderen es auch bemerkt hatten.
Aus uns sollte etwas werden.
15 Etwas werden bedeutete, jemand werden, aber das wurde nicht laut gesagt. Es
wurde auch nicht leise gesagt. Das lag einfach in der Luft oder in der Zeit oder im
Zaun rings um die Schule oder in unseren Kopfkissen oder in den Kuscheltieren,
die, nachdem sie ausgedient hatten, ungerechterweise irgendwo auf Dachböden
oder in Kellern gelandet waren, wo sie Staub ansammelten. Ich wusste es nicht.
20 Pierre Anthons lächelnde Tür erzählte es mir. Mit dem Kopf wusste ich es immer
noch nicht, aber trotzdem wusste ich es.
Ich bekam Angst. Angst vor Pierre Anthon.
Angst. Mehr Angst. Am meisten Angst. [...]*

Quelle: Teller, Janne: Nichts. Was im Leben wichtig ist. Carl Hanser Verlag, 2000, S. 9 f.

1a Der Text enthält folgende sprachliche (stilistische) Mittel:
Ellipse, Hyperbel, Vergleich, rhetorische Frage, Inversion, Nominalstil, Parataxe, Hypotaxe.

Groß- und Kleinschreibung

> Im Deutschen kann jedes Wort als **Nomen/Substantiv** gebraucht, also
> **nominalisiert/substantiviert** werden. Es wird dann wie ein Nomen/Substantiv
> **großgeschrieben** und **dekliniert** (gebeugt). Es kann von einem Artikel, einer
> Präposition, einem Pronomen, Zahlwort oder Adjektiv **begleitet** werden.
> Eine **Nominalisierung/Substantivierung** steht immer am Ende einer **nominalen
> Wortgruppe**. Deshalb hilft die **Erweiterungsprobe**, z. B.:
> *das Blau, das helle Blau, das hell leuchtende Blau* (nominalisiertes Adjektiv),
> *mein Ich, mein starkes Ich, mein sehr starkes Ich* (nominalisiertes Pronomen),
> *dein Aber, dein häufiges Aber, dein auffallend häufiges Aber* (nominalisierte
> Konjunktion), *sein Aua, sein leises Aua, sein leise wimmerndes Aua* (nominalisierte
> Interjektion), *das Für und Wider, das abwägende Für und Wider, das gründlich
> abwägende Für und Wider* (nominalisierte Präposition).

1 Groß oder klein?

a   Kreise die richtige Schreibweise der unterstrichenen Wörter ein. Begründe deine
Schreibung in Klammern mithilfe des Merkkastens.

1   Künstliche Intelligenz ist eine Möglichkeit, menschliches l/Lernen und

d/Denken auf den Computer zu übertragen. (_____)

2   Die Nutzung von künstlicher Intelligenz ist für viele schon Normalität,

für andere aber etwas völlig n/Neues. (_____)

3   In der Schule spielt KI sicher auch eine wichtige Rolle. Aber man sollte das

f/Für und w/Wider gut abwägen. (_____)

4   Man füttert den Computer mit s/Schlagwörtern, f/Fotos oder b/Bildern und

es entstehen n/Neue Texte, Kunst oder etwas a/Ähnliches.

(_____, _____, _____)

5   KI eröffnet m/Millionen von Möglichkeiten, bietet sicher viel v/Vorteilhaftes,

aber alle sind weiterhin persönlich in ihrem d/Denken gefordert.

(_____,_____, _____)

6   KI ist eine Unterstützungsform für eigene Gedanken, aber man sollte sich im

k/Klaren sein, dass die Grenzen zwischen Anregung und Betrug leicht

verschwimmen können. (_____)

●●● **b** Begründe die Schreibung von „viele" und „andere" in Satz 2 mithilfe der Regeln des aktuellen Amtlichen Regelwerks (2024). Recherchiere dazu im Internet beim Deutschen Rechtschreibrat.

_____

_____

2 Adjektive werden nach unbestimmten Mengenangaben nominalisiert/ substantiviert. Entscheide über die Groß- oder Kleinschreibung in folgenden Sätzen. Ergänze die fehlenden Buchstaben.

1 Am Wochenende haben wir nichts ___ußergewöhnliches unternommen.

Mit Ehrfurcht betrat sie die ___ußergewöhnliche Kathedrale.

2 Kurz vor dem Ende des Fußballspiels beging der Torwart einen

___ntscheidenden Fehler. Ehrlich zu sein, ist das alles ___ntscheidende.

3 Ich habe mir heute etwas ___chönes gekauft. Ich habe mir heute viele

___chöne Klamotten gekauft.

4 Auf meiner letzten Urlaubsreise habe ich viele ___eue Eindrücke gewinnen

können. Viel ___eues gibt es tatsächlich nicht zu erzählen.

5 Meine Oma brachte mir allerlei ___ützliches bei. Mein Vater verwendet beim

Zubereiten von Speisen allerlei ___ützliche Küchengeräte.

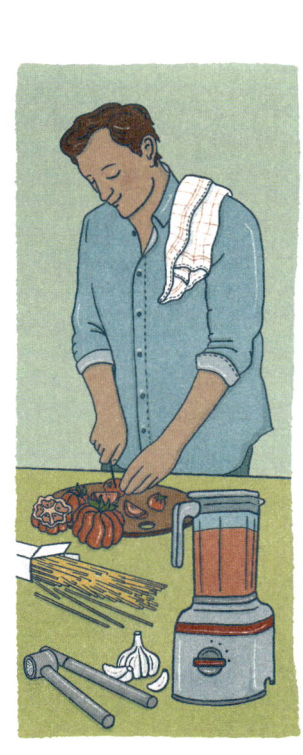

> Wurde **nach** einem **Adjektiv** oder **Partizip** ein **Nomen eingespart**, weil es im Satz oder unmittelbar vorher bzw. nachher noch einmal genannt wird, schreibt man klein, z. B.:
> _Der_ <u>grüne</u> _ist mein Pullover. – Der grüne (Pullover) ist mein Pullover._
> _Der_ <u>unterstrichene</u> _ist dein Satz. – Der unterstrichene (Satz) ist dein Satz._

3 Entscheide über die richtige Groß- und Kleinschreibung. Ergänze die in Klammern stehenden Adjektive.

1 Ihre beeindruckenden Fotos sind immer die _____ (EINPRÄGSAMSTEN)

2 Diese Übung war die _____ (KOMLPLIZIERTESTE), die ich je gemacht habe.

3 Die Helix-Brücke, die als eine der _____ (SCHÖNSTEN) weltweit zählt, befindet sich in Singapur.

4 Die Würfelqualle bewohnt _____ (WÄRMERE) Meere und ist

eines der _____ (GIFTIGSTEN) Lebewesen der Welt.

Die Schreibung von Eigennamen

Eigennamen sind Wörter und Wortgruppen, die zum Beispiel Personen, Orte, Veranstaltungen, Organisationen und Institutionen als einmalig bezeichnen. Sie werden **immer großgeschrieben**, z. B.: *Dirk Neumann, Bahnhofstraße, Potsdam, Sachsen-Anhalt, Europa, Deutsches Rotes Kreuz, Freie Universität.* Wenn Adjektive, Partizipien oder Numeralien (Zahlwörter) Teil eines Eigennamens sind, werden sie ebenfalls großgeschrieben, z. B.: *der Stille Ozean, die Vereinigten Staaten, der Zweite Weltkrieg.*

Tipp
Recherchiere im Internet und informiere dich genauer über das jeweils Bezeichnete.

1 Bilde Eigennamen, indem du passende Wörter aus den beiden Kästen verbindest. Schreibe sie mit ihren Artikeln auf.

grün	blau	groß	französisch
Gewölbe	Wagen	Dom	Moschee

2 Eigennamen oder nicht?

a   Kreise die richtige Schreibung ein.

M/mecklenburgisches Staatstheater, Klinik für I/innere Medizin der Universität Rostock, D/deutsche Städte, I/internationales O/olympisches Komitee, A/allgemeiner D/deutscher Automobil-Club, die I/innere Stimme

b   Bilde zwei Sätze, in denen du Eigennamen aus Aufgabe a verwendest.

3 Rund um das Thema Essen gibt es viele Eigennamen.

a   Recherchiere, was sich hinter folgenden Speisen verbirgt. Notiere deine Ergebnisse stichpunktartig im Heft.

Königsberger Klopse, Schwarzwälder Kirsch, Grüne Soße, Strammer Max

Tipp
Suche nach Speisekarten regionaler Restaurants.

b   Recherchiere und ergänze weitere Speisen mit mehrteiligen Eigennamen.

Groß- und Kleinschreibung

1 Ergänze die in Klammern stehenden Wörter in der richtigen Form und in richtiger Groß- oder Kleinschreibung.

Tipp
Nutze die Erweite-
rungsprobe.

1 Meine Haare sind ziemlich _____. Ich finde kaum etwas

_____ an dir, höchstens deine Haare. (WIDERSPENSTIG)

2 Die Stadt will das alte Kino _____.

Ein _____ des alten Schwimmbades wäre ebenfalls wichtig.
(WIEDERBELEBEN)

3 Dieser Müll überall ist einfach _____ . Überall in der Stadt

findet man _____, unbedacht weggeworfen. (WIDERLICH)

4 Wir sollen den Text mit eigenen Worten_____. Vor dem

_____ des Inhalts muss man genau lesen. (WIEDERGEBEN)

Nomensuffixe
-heit
-keit
-nis
-ung

2 Leite mithilfe der Suffixe in der Randspalte aus den Verben und Adjektiven Nomen/ Substantive ab. Schreibe sie mit Artikel auf und unterstreiche die für Nomen typischen Endungen.

1 leihen   *die Verleihung*   **4** behalten   _____

2 steigen   _____   **5** schön   _____

3 herrlich   _____   **6** verstehen _____

Adjektivsuffixe
-haft
-ig
-isch
-lich
-sam
-reich

3 Leite mithilfe der Suffixe in der Randspalte aus den Nomen Adjektive ab. Schreibe sie auf und unterstreiche die für Adjektive typischen Endungen.

1 das Vergnügen   *vergnüglich*

2 die Behutsamkeit   _____

3 das Ereignis   _____

4 die Geduld   _____

5 der Gebieter   _____

6 die Eile   _____

7 das Leben   _____

8 die Klassik   _____

Getrennt- und Zusammenschreibung

Bei der **Getrennt- und Zusammenschreibung** helfen häufig die **Betonungs-**
und die **Bedeutungsprobe**:
- beide Bestandteile betont → Getrenntschreibung, z. B.: *aufeinander achten,*
  frei sprechen (ohne Vorlage), *miteinander auskommen.*
- Betonung auf dem ersten Bestandteil → Zusammenschreibung, z. B.: *a̲bfahren,*
  hi̲ngehen, na̲chkommen, hina̲usgehen.
- übertragene Bedeutung, erster Bestandteil betont → Zusammenschreibung,
  z. B.: *fre̲isprechen* (von Schuld), *richtigstellen* (berichtigen, korrigieren).

Getrennt schreibt man meist:
- Verb + Verb, z. B.: *schwimmen lernen, einkaufen gehen,*
- Nomen/Substantiv + Verb, z. B.: *Rad fahren, Auto fahren, Fußball spielen,*
- Fügungen mit *sein*, z. B.: *da sein, fertig sein, hier sein, vorüber sein.*

Zusammen schreibt man:
- Adjektiv + Adjektiv, z. B.: *feuchtwarm, bitterböse, superschnell, dunkelblau,*
- Verbindungen mit *irgend-*, z. B.: *irgendein, irgendwas, irgendwie,*
- folgende Verbindungen aus Nomen/Substantiv + Verb: *bergsteigen*
  (berggestiegen, bergzusteigen), eislaufen, heimfahren, irreführen, leidtun,
  kopfrechnen, kopfstehen, preisgeben, standhalten, stattfinden, teilnehmen.
  (Diese Wörter sollte man sich besonders einprägen!)

1 Unterstreiche die richtige Schreibung in folgenden Sätzen.

Tipp
Orientiere dich am
Merkkasten.

1 Ich möchte wirklich mal wieder richtig *tanzen gehen / tanzengehen*.

2 Die Suppe ist nur noch *lau warm / lauwarm*.

3 Wir bekommen Besuch und ich soll *Kuchen backen / Kuchenbacken*.

4 Mit dieser Recherche solltet ihr längst *fertig sein / fertigsein*.

5 Mein Ergebnis werde ich auf keinen Fall vorher *Preis geben / preisgeben*.

6 Laura berichtet, dass sie häufig *Tag träumt / tagträumt*.

7 Verbindungen in übertragener Bedeutung muss man *zusammen schreiben /*
zusammenschreiben.

8 Bei unserem Ausflug darf nichts *dazwischen kommen / dazwischenkommen*.

9 *Irgend etwas / Irgendetwas* ist immer!

10 Im Laufe der Jahre haben sie sich *schätzen gelernt / schätzengelernt*.

Tipp
Nutze die Beto-
nungs- und die
Bedeutungsprobe.

2 Ergänze in folgenden Sätzen die richtige Form aus der Klammer.

1 Er wollte den König _____ und auf diesem Weg die Macht an sich reißen. *(kaltstellen / kalt stellen)*

2 Eine ablehnende Reaktion würde ihr _____. *(ähnlichsehen / ähnlich sehen)*

3 Sie werden vernommen, weil sie im Casino immer wieder

_____. Wenn wir uns nicht mit den Regeln des Spiels

beschäftigen, werden wir es wahrscheinlich _____. *(falschspielen / falsch spielen)*

4 Ich bin eher pessimistisch und kann leider oft nur

_____. Als sie das Bild anschaute, konnte sie nur

_____. *(schwarzsehen / schwarz sehen)*

5 Liebe Klasse 10, diese Arbeit müssen wir _____.

Der Ball fliegt ständig über den Zaun. Jetzt muss ich ihn schon

_____. *(wiederholen / wieder holen)*

6 Dieses Banner ist echt zu schwer, wir müssen es _____.

In Krisen müssen wir immer _____. *(zusammenhalten / zusammen halten)*

3 Übe Verbindungen mit *irgend-*.

Tipp
Beziehe ggf. den
Merkkasten mit ein.

a Schreibe möglichst viele Verbindungen mit *irgend-* auf und formuliere einen Merksatz.

_____

_____

Merksatz: _____

b Bilde möglichst viele Wortgruppen. Verwende dazu fünf verschiedene Wörter mit *irgend-*.

_____

_____

_____

4 Verbindungen aus Nomen und Verb schreibt man meistens getrennt. Bilde Verbindungen aus folgenden Nomen und Verben und setze sie richtig in die Sätze ein.

Abschied / Angst / Motorrad / Schlange / Tennis / haben / stehen / spielen / fahren / nehmen

1 Im Sommer gehe ich oft draußen _____ .

2 Unter bestimmten Bedingungen kann man mit 16 Jahren

_____ .

3 Vor ekligen Spinnen kann man einfach nur _____ .

4 Im März mussten wir von unserem Opa _____ .

5 Beim Eintritt zur Gamescom müssen wir sicher

_____ .

5 Manche Verbindungen von Nomen/Substantiv und Verb werden zusammengeschrieben.

a Bilde Verben mit *heim-, irre-, preis-, stand-, leid-, kopf-, eis-, statt-, teil-* und *berg-*.

_____

_____

_____

_____

b Bilde mit vier Verben aus Aufgabe a eigene Sätze.

_____

_____

_____

_____

_____

_____

Schreibung von Straßennamen

Zusammengeschrieben werden **Straßennamen** mit folgenden Bestandteilen als Bestimmungswort:
- einteilige Personennamen, z.B.: *Goethestraße, Moritzgasse, Kleistallee,*
- ungebeugte Adjektive, z.B.: *Grüngasse, Hochstraße, Rundweg,*
- Nomen/Substantive, z.B.: *Seestraße, Strandpromenade, Buchenallee.*

Getrennt geschrieben werden Straßennamen mit folgenden Bestandteilen:
- gebeugte Adjektive, z.B.: *Lange Straße, Breite Gasse, Im Hohen Weg,*
- geografische Eigennamen auf *-er* oder *-isch*, z.B.: *Erfurter Straße, Potsdamer Platz, Grimmaische Allee,*
- eine Präposition (+ Artikel), z.B.: *Am Berg, Unter den Linden,*
- Ergänzungen im Genitiv, z.B.: *Platz des Friedens, Allee der Kosmonauten.*

Mit **Bindestrich** geschrieben werden Straßennamen mit mehrgliedrigen Personennamen als Bestimmungswort, z.B.: *Robert-Schumann-Straße, Lise-Meitner-Gasse, Albert-Einstein-Allee.*

Achtung, Fehler!

1 Markiere die richtige Schreibung farbig.

1 Otto von Guericke Straße – Otto-von-Guericke Straße – Otto-von-Guericke-Straße

2 Magdeburgerchaussee – Magdeburger-Chausee – Magdeburger Chaussee

3 Alt Prester – Altprester – Alt-Prester

4 Stern Straße – Sternstraße – Stern-Straße

5 Am-Bördegarten – Am Bördegarten – Am-Börde-Garten

6 Beyendorfergrund – Beyendorfer-Grund – Beyendorfer Grund

2 Hier findest du einige ungewöhnliche Straßennamen, die es in Deutschland wirklich gibt. Schreibe sie richtig auf.

ANDERMETTWURST / KARLKALTWASSERSTRAßE / AUFDEMJOCHEN / ZURSCHÖNENGELEGENHEIT / ZURHÖLLE / FRIEDLICHERNACHBARSTRAßE / GURKENSTEIG / PRÜGELWEG

Zusammenschreibung:

_____

Getrenntschreibung:

_____

Mit Bindestrich:

_____

Achtung, Fehler!

3 Berichtige die Schreibung der Straßennamen in folgenden Adressen. Schreibe diese richtig ins Heft.

Dr. med. Sorgenfrei
Friedrich Ebert Allee 12
32333 Haugenfeld

Dr. med. Zitterbart
An-der-Kirche 3
10342 Klosterhagen

Dr. Alfred von Hinüber
Bahnhofs-Platz 9
92444 Waldesruh

Getrennt und Zusammenschreibung

1 Fügungen mit _sein_ werden getrennt geschrieben. Bilde mit den Wörtern aus der Liste Fügungen mit _sein_ und ergänze folgende Sätze sinnvoll.

1 Niemand möchte gerne _krank sein._ _____

2 Viele wollen _____

3 Am Abend können wir _____

4 In der Nacht sollte man _____

5 Die Ergebnisse werden _____

6 Diese Geschichte könnte _____

7 Wenn du nicht sparst, wirst du bald _____

8 Das dürfte nicht _____

2 Fügungen aus _zu_ und Verb schreibt man zusammen, wenn _zu_ beim Sprechen betont wird. Man schreibt die Fügungen getrennt, wenn das Verb betont wird.

Tipp
Wende die Betonungsprobe an.

a Getrennt- oder Zusammenschreibung? Ergänze jeweils das Wort bzw. die Wörter aus der Klammer in richtiger Schreibung.

1 Sein Gebrüll war schon von Weitem zu hören.

Bei diesem besonderen Musikstück müsst ihr gut _____ (zu/hören)

2 Ich musste meiner Schwester immer wieder gut _____

Es ist verboten _____ (zu/reden)

3 Er hatte ihr noch so viel _____, aber es war zu spät.

Für dieses Konzert werde ich _____ (zu/sagen)

4 Die Post wird er in der Regel vormittags _____

Es sind ganz konkrete Fragen _____ (zu/stellen)

5 Du brauchst dir das Buch nur _____

Das Baby wird in kurzer Zeit viel _____ (zu/nehmen)

b Unterstreiche in den Fügungen aus _zu_ und Verb jeweils das betonte Wort.

c Setze die in Klammern stehenden Wörter in folgende Sätze ein. Achte auf die Zusammenschreibung, unterstreiche jeweils den betonten Wortteil.

1 Es ist wichtig, genau _____zuzuhören_____ (zuhören).

2 Sie baten uns, ihm gut _____ (zureden).

3 Es ist nicht zu spät, um unseren Besuch _____ (zusagen).

Sprachwissen und Sprachbewusstsein

6 (1 P. pro Satz)

1 Setze die fehlenden Kommas.

1 <u>Alberst Einstein</u> gehört zu den bedeutendsten Physikern dessen wissenschaftliche Forschungen die physikalische Welt revolutionierten.

2 Er war nicht nur Denker und Forscher sondern auch ein Mensch der sich <u>für den Weltfrieden und die Völkerverständigung</u> einsetzte.

3 Einstein war tatsächlich ein guter Schüler er hatte aber seine Schwierigkeiten mit einem autoritären Lehrstil und Unterricht fand er oft <u>langweilig</u>.

4 1921 <u>wurde</u> Albert Einstein der Nobelpreis für Physik <u>verliehen</u> nicht jedoch für die Relativitätstheorie er bekam ihn für die Entdeckung der Lichtquanten.

5 Einstein geriet <u>mit anderen führenden Denkern</u> in die Kritik als er <u>1939</u> den Anstoß zum Bau der ersten Atombombe gab.

6 Seine Überlegung war dass Deutschland die Entdeckung <u>der Uranspaltung</u> für militärische Zwecke nutzbar machen könnte.

2 P.

2 Begründe die Kommasetzung in folgenden Sätzen der Aufgabe 1.

Satz 1: _____

Satz 6: _____

3 P.

3 Notiere zu folgenden Sätzen der Aufgabe 1 die Satzbilder.

Satz 2. _____

Satz 3: _____

Satz 4: _____

6 P.

4 Bestimme die unterstrichenen Satzglieder und Satzgliedteile aus den Sätzen der Aufgabe 1.

_____

_____

_____

_____

1,5 (½ P. pro Adjektiv)

5 Schreibe drei Adjektive mit unterschiedlichen Suffixen (Endungen) aus den Sätzen der Aufgabe 1 heraus.

_____

6 P. **6** Schreibe aus den Sätzen der Aufgabe 1 je drei Beispiele für Zusammensetzungen und Ableitungen heraus.

Zusammensetzungen:

_____

Ableitungen:

_____

2,5 (½ P. pro Satz) **7** s – ss – ß? Setze die die fehlenden Buchstaben richtig ein.

1 Fakten über Einstein, die kaum einer wei_____ .

2 Da_____ Gehirn von Albert Einstein wog nur 1230 Gramm.

3 Sein Physikstudium schlo_____ er als Schlechtester seines Jahrgangs ab.

4 Für seine 29-seitige Doktorarbeit benötigte Einstein unfa_____bar lange, nämlich fünf Jahre.

5 Ein interessantes Detail ist, da_____ Einstein ungern Socken trug.

2,5 (½ P. pro richtiger Lösung) **8** Folgende Sätze enthalten insgesamt fünf Fehler. Markiere und korrigiere die falsch geschriebenen Wörter. Schreibe dahinter.

1 Mit 15 Jahren felschte Einstein ein ärzliches Gutachten, um die Schule zu

schwänzen. _____

2 Seine deutsche Staatsangehörikkeit legte er mit 17 ab, um dem Militärdienst

zu endgehen. _____

3 Erst mit vier Jahren konnte Einstein Sprechen. _____

13 (1 P. pro Wortgruppe) **9** Schreibe die folgenden Wortgruppen in der richtigen Groß- und Kleinschreibung auf.

im dunkeln tappen, donnerstag nachmittag, verabredet sein, angst und bange sein, der tag der offenen tür, aufs genaueste prüfen, das schwarze schaf der Familie sein, die beste lösung finden, der letzte wille meines vaters, im großen und ganzen zufrieden sein, das wichtigste vergessen, immer auf dem laufenden bleiben, groß und klein treffen

2,5 (½ P. pro Wort) **10** Kreise die richtige Schreibung ein.
1 Alee – Alle – Allee
2 Akkord – Akord – Akordd
3 Agresion – Aggression – Agression
4 deffizil – difizil – diffizil
5 exzessiv – exessiv - exsesiv

insgesamt: ... P./45 P.